ザ・コミュニケーション

BCSAスキル定義準拠

気づいてわかる、できて身につく
社会で輝く9つのスキル

加藤竜哉、株式会社ウチダ人材開発センタ 著

■ 本書内容に関するお問い合わせについて

本書に関するご質問、正誤表については、下記の Web サイトをご参照ください。
　お問い合わせ窓口　　　　http://www.uhd.co.jp　（ページ最上部の「お問合せ」ボタン）
　正誤表・よくあるご質問　http://www.uhd.co.jp/comptia/index.html
　　　　　　　　　　　　　（ページ内「教材の正誤表、よくあるご質問」リンク）

インターネットをご利用でない場合は、郵便で下記にお問い合わせください。
　〒130-0015　東京都墨田区横網 1 丁目 6 番 1 号　国際ファッションセンタービル 7F
　（株）ウチダ人材開発センタ　事業推進
　電話、FAX でのご質問は、お受けしておりません。

免責事項

※　当出版物は、BCSA 推進協議会が規定したビジネス・コミュニケーション・スキル定義を参考に記載していますが、著者および発行／発売所は、当出版物の使用による BCSA 診断結果を保証しません。
※　本書の出版にあたっては正確な記述に努めましたが、著者および発行／発売所のいずれも、本書の内容に対してなんらかの保証をするものではなく、内容に基づくいかなる運用結果に関してもいっさいの責任を負いません。
※　本書に記載されている会社名、製品名はそれぞれ各社の商標および登録商標です。
※　本書では ™ ® © は割愛させていただいている場合があります。
※　本書に掲載されている URL は、予告なく変更される場合があります。

はじめに

　コミュニケーション・スキルを伸ばしたい……。本当にたくさんの方から同じ思いを受け取っています。話の好きな方、聞くことが好きな方、どちらからもコミュニケーション・スキルを伸ばしたいという声が届きます。では、コミュニケーション・スキルを具体的に伸ばすにはどうしたらよいのでしょうか？

　私たちは小学校・中学校・高等学校、そして専門学校や短期大学、四年制大学などを通じて、また友人や家族との関わりを通して、さらにビジネス社会の中で、毎日コミュニケーションをとっています。コミュニケーション・スキルを仮に小学校から四年制大学まで学んだとすれば、実に16年間も学び育んできたはずです。ところが、学んだはずのコミュニケーション・スキルが、ビジネス社会では通じないと悩んでいます。不安を抱えている人もたくさんいます。なにが原因なのでしょう？　どこに課題があるのでしょうか？　その答えが本書の中にあります。これまでずっと"わかっていたはず"という文章に出会い、新たな発見ができると信じています。

　コミュニケーション・スキルの言葉の通り、コミュニケーションはスキルですから、自分の弱点と"ウリ"に気づくことができれば、普段の生活の中でも弱点を補強し、"ウリ"をさらに伸ばすこともできます。

　CompTIAのビジネス・コミュニケーション・スキル診断（通称BCSA）は、コミュニケーション・スキルを高めるために必要な9つのスキルを、信頼性、共感性、理論性に分けて定義しています。とても素晴らしいスキル定義です。しかしそのスキルを獲得し、実践できるようになるにはどうすればよいのでしょうか？　それが問題です。

　本書には、9つのスキルごとに、ビジネス社会でよく経験するケースや具体例をたくさん載せてあります。普段の生活を振り返ってチェックし、ポイントを読みながら考え、考えながら演習できるようになっています。スキルごとに目標を提示しています。1つのスキルを学習したら、確認問題を解いて復習し、目標が達成できたかどうかを振り返ることができます。また、言葉をじっくりと味わい感じて頂きたいと願い、「先人の言葉」を載せました。付録として、ビジネスマナーの基本を再確認できるように「ビジネスマナー　イロハのイ」も載せてあります。

　本書の学びを通じて、学生の皆さんは、ビジネス社会の事例に接しながら必要なスキルに気づき、習得することができます。入社後3年程度の皆さんは、今を振り返り、スキルを再確認し、伸ばすことができます。さらに対人援助を行うすべての方にとっては、ご自身のコミュニケーション・スキルを総合的に見直して自分を磨き、自信を磨くことができます。

筆者はコンピュータの利活用に携わって40年、コンピュータでは計り知れない対人支援に携わり25年を超えようとしています。企業人、コンサルタント、講師育成者、経営者、キャリア・カウンセラー、ファシリテーター、大学教員……、さまざまな機会を通して、本当にたくさんの方々と関わってきました。その経験が本書の源になっています。数多くの経験の中で、特に若い方々のコミュニケーション・スキルをどうすれば伸ばせるのか？　考え、実行し、反省し、そして改善してきたつもりです。筆者が教鞭をとっている桜の聖母短期大学では、6年前にBCSAを導入しました。1年生の夏と2年生の春の年2回、学生が毎年BCSAを受診しています。診断結果を使ってコミュニケーション・スキルを伸ばした学生が、ビジネス社会で活躍しています。本書には、そんな学生たちとのやり取りの中からいただいた"種"がちりばめられています。

　さあ、気づいてわかり、できて身につき、輝くことができる学びのスタートです。知って学んで、変わっていく自分に出会いましょう。

　本書を通して学んだ方々が、素敵なコミュニケーション・スキルを獲得され、社会で輝きながら経験を積んでいただくことを、心から願っています。

　本書は、皆様とのご縁の賜物です。特に翔泳社の中村誠一様、ウチダ人材開発センタの冨田伸一郎様、トップスタジオの清水剛様、その他多くの関係者の皆様に、心から感謝いたします。また桜の聖母短期大学非常勤講師の大河原裕子先生と佐藤夏美先生には、多くのご助言をいただきました。感謝いたします。そしてなにより、仕事が終わった後の執筆を支えてくれた家族に、感謝を込めて。

2015年11月　加藤　竜哉

目次

信頼性編 1

スキル1 －物理的環境の整備－ 3
- 1.0 事前チェック 4
- 1.1 お客様先などを訪問する際の準備を行う 5
- 1.2 お客様または社内からの訪問者を受け入れる際の準備を行う 8
- 1.3 お客様または社内からの訪問者を受け入れる際、コミュニケーション中の環境を管理する 12
- 1.4 確認問題 14

スキル2 －信頼の獲得と維持－ 17
- 2.0 事前チェック 18
- 2.1 好ましい印象を与える 19
- 2.2 信頼を得られる言動をする 21
- 2.3 相手からの信頼を維持する 24
- 2.4 確認問題 27

スキル3 －言語・非言語の効果的使用－ 29
- 3.0 事前チェック 30
- 3.1 音声を効果的に使用する 32
- 3.2 アイコンタクト、ジェスチャー、動きなどを効果的に使用する 35
- 3.3 必要に応じてメディアを効果的に使用する 38
- 3.4 確認問題 41

共感性編 43

スキル4 －心理的環境の管理－ 45
- 4.0 事前チェック 46
- 4.1 コミュニケーションの開始時に、心理的環境を向上させる 47
- 4.2 コミュニケーションを円滑に進行する 52
- 4.3 コミュニケーション中の雰囲気の悪化を最小限に抑える 55
- 4.4 確認問題 58

スキル5 －表現方法の調整－ 61
- 5.0 事前チェック 62
- 5.1 相手が理解しやすい構成で話すことができる 63
- 5.2 相手にあわせた表現を工夫する 66
- 5.3 必要に応じて逸話や比喩を効果的に使用する 70
- 5.4 確認問題 73

スキル6 －質問の活用－ 75
- 6.0 事前チェック 76
- 6.1 質問の目的、種類、方法を使い分ける 77
- 6.2 適切に質問を投げかける 88
- 6.3 相手の回答を尊重して柔軟な対応をする 90

| 6.4 | 確認問題 | 92 |

スキル 7 －相手からのメッセージへの対応－ ... 95
- 7.0 事前チェック ... 96
- 7.1 アクティブ・リスニングを行う ... 97
- 7.2 質問に的確に回答する ... 103
- 7.3 非言語メッセージに対応する ... 105
- 7.4 確認問題 ... 108

理論性編 ... 111

スキル 8 －コミュニケーションの準備－ ... 113
- 8.0 事前チェック ... 114
- 8.1 コミュニケーションの目標を明確にする ... 116
- 8.2 コミュニケーションの進め方を検討する ... 119
- 8.3 必要な資料、機器を準備する ... 123
- 8.4 確認問題 ... 126

スキル 9 －コミュニケーションの評価－ ... 127
- 9.0 事前チェック ... 128
- 9.1 コミュニケーション中に相手の理解度と満足度を確認する ... 129
- 9.2 コミュニケーション後に目標に対する達成度を評価する ... 131
- 9.3 ビジネス・コミュニケーション・スキル向上のための改善点を明らかにする ... 133
- 9.4 確認問題 ... 135

確認演習 ... 137
- 確認演習1 相手との適切な距離を確認する ... 138
- 確認演習2 明るく豊かな表情を心がける ... 139
- 確認演習3 母音で会話してみよう ... 140
- 確認演習4 言語・非言語を効果的に使い、昔話を語る ... 141
- 確認演習5 コミュニケーション開始時に、「キドニタテカケシ衣食住」を使う ... 143
- 確認演習6 相手にあわせた表現方法の調整 ... 144
- 確認演習7 クローズド質問だけを受け取る ... 145
- 確認演習8 相手からのメッセージへの対応 ... 147
- 確認演習9 コミュニケーションの準備 ... 148

付録:ビジネスマナー イロハのイ ... 149
- 身だしなみ ... 150
- 立ち居振る舞い(正しい姿勢) ... 152
- 座る位置 ... 154
- 名刺交換 ... 155
- 敬語 ... 157

引用・参考文献一覧 ... 159
ビジネス・コミュニケーション・スキル診断(BCSA:ビクサ)概要 ... 160

信頼性編

信頼性で学習するスキル

スキル1 物理的環境の整備

スキル2 信頼の獲得と維持

スキル3 言語・非言語の効果的使用

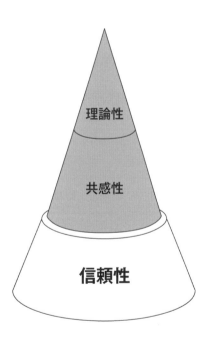

信頼性編

信頼性は、お客様先を訪問したり、お客様などを受け入れたりする場合の、コミュニケーションに必要な準備と環境管理ができる**スキル1：物理的環境の整備**、相手に好ましい印象を与え、信頼を得られる言動をし、相手からの信頼を維持できる**スキル 2：信頼の獲得と維持**、音声やアイコンタクト、ジェスチャー、動きなどを効果的に使用して、相手の興味を引きつける工夫ができる**スキル3：言語・非言語の効果的使用**の3つで構成されています。

これら3つのスキルは、ビジネスマナーの講座内容に最も近いスキルです。また、本書で学習するビジネス・コミュニケーション・スキルの土台にもなっています。

信頼性のスキルは、普段の生活の中で改善することができます。スキルを伸ばすには、対象となるスキルについて、"わかること"と"できること"に分類します。"わかる"と判断したスキルは、本当に"わかること"なのかを自問自答し、"わかるつもり"と、"わかること"に区別し、"わかるつもり"を"わかる"に変えていきます。区別は、あなたの心との素直な対話です。

"できること"も同じように分けてみましょう。"わかってもできないこと"があるかもしれません。それぞれのスキルを、"できるつもり"になっていることと"できること"に区分し、"できるつもり"を"できること"に変えていきましょう。

図に示したステップは、スキル1だけでなく、本書で述べる全てのスキルに共通する道標（道しるべ）です。スキルで述べるポイントごとに、"わかるつもり"、"わかる"、"できるつもり"、"できる"、に分けながら学習し、"わかる"から"できる"へ、一歩ずつ着実に歩んでいきましょう。

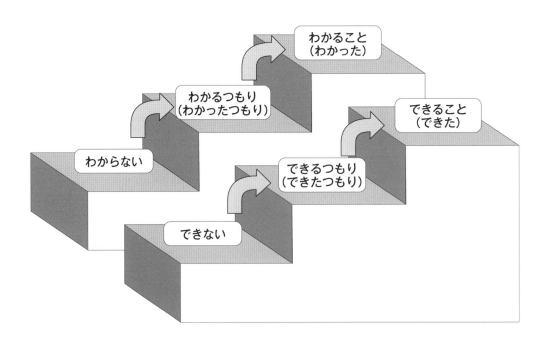

スキル 1 －物理的環境の整備－

信頼性編

　ビジネスでは、お客様先を訪問したり、お客様の訪問を受け入れたりする場面がたくさんあります。コミュニケーションを進める上での大切な準備と心構えについて、学習しましょう。

目標

お客様先を訪問する場合・お客様または社内からの訪問者を受け入れる場合などに、コミュニケーションの進行に必要な準備を行い、コミュニケーションの間も必要に応じて環境を管理することができるようになる。

1.0 事前チェック

普段の生活を振り返ります。学習を進める前に各項目をチェックしてください。

チェック項目	常にできる	ときどきできる	ほとんどできない
1) 初めて訪れる場所の情報を、事前に調べていますか？	3	2	1
2) ハンカチやティッシュなど、持ち物はできるだけ予備を持って出かけていますか？	3	2	1
3) 会議や打ち合わせの前には、必ずスマートフォンをOFFにしていますか？	3	2	1
4) 会議や打ち合わせの終了時点でゴミなどがあったら、ゴミ箱に捨てていますか？	3	2	1
5) 窓からの日差しが強くなり、会議や打ち合わせに差し支えると判断したら、カーテンを引いたりブラインドを下ろしていますか？	3	2	1

　各チェック項目の文章を読み、普段の生活で"常にできる（できている）"場合は 3 に、"ときどきできる（できている）"場合には 2 に、"ほとんどできない（できていない）"場合には1に丸を付けてみましょう。点数が高いほど、普段からあなたが実践している項目です。低い項目については、本スキル解説をしっかり学んで身につけられるようにしていきましょう。

　仕事上では、お客様先を訪問したりお客様や社内の人の訪問を受けることはよくあります。その際の事前準備や環境の管理は、コミュニケーションを円滑に進める上でとても大切です。

　チェック項目 1)、2)、3)は、準備することを普段からできているかどうかの確認です。準備不足は、お客様の信頼性を損ねコミュニケーションを円滑に進める上での妨げになります。

　チェック項目 4)は、整理・整頓・清掃（それぞれのふりがなの頭文字を取って 3S ともいいます）にもつながります。普段から机上や机または椅子を整え、利用した教室や部屋などの状態を標準に戻してから後にする習慣をつけておきましょう。ビジネスで必ず役に立ちます。

　チェック項目 5)は、コミュニケーション中の環境の変化に対応できるかどうかの確認です。「眩しい……」と感じたら、迷惑のかからない行動でカーテンを閉めたり、ブラインドを下ろし、コミュニケーションをとる相手に配慮しましょう。

1.1 お客様先などを訪問する際の準備を行う

お客様先を訪問する際に、事前に準備を行っておくことはとても大切です。準備作業では「わかる」と「できる」が顕著に表れます。わかっているけどできないことがたくさんあるかもしれません。たとえば次のケースで考えてみましょう。

ケーススタディ

> あなたは、先輩社員から「〇〇を目的にA社の本社を訪問し、会議をすることになったので、準備をするように」と言われました。A社の本社を訪れるのは、今回が初めてです。

準備という言葉を聞いて、あなたは何を準備すればよいでしょうか？

ポイント

日時、場所・経路、入館方法などを確認する。

○日時の確認

　先輩社員は、あなたにA社を訪問する日時を伝えていません。お客様先を訪問する際には、まず訪問日時を確認しましょう。仮にお客様先を訪問する日時の情報を受け取っていても、変更の可能性もあります。情報を受け取ったときと訪問する日時が離れている際には、特に注意し改めて日時を確認しましょう。

○場所・経路の確認

　上のケースは、初めてA社の本社を訪れる設定です。A社の住所をもとに、インターネットなどを使ってA社の場所や経路を確認します。訪問経験のある先輩などに、場所や経路上の留意点を尋ねることも必要です。なぜなら、交通機関の乗り換えの複雑さ、駐車場の有無、一方通行制限など、地図などではわかりにくい情報があるかもしれません。

　すでに知っている場所や経路でも、工事や交通機関の乱れまたは運休なども考えられます。知っている情報であればあるほど、過去の経験や知識にとらわれず、事前に確認し準備しましょう。

○入館方法の確認
　　訪問先の入館方法も事前に確認しておく必要があります。建物が大きい場合、入口が複数あり戸惑うこともあります。エレベータが複数台設置されている場合には、行き先の階が違うこともあります。またエレベータの利用時間に制限があることも考えられます。セキュリティの観点から、入館証の事前発行が必要な企業や事前届け出が必要な場合もあります。訪問先から情報を得たり、訪問経験のある先輩などに尋ね、準備しましょう。

ポイント
必要な設備、備品などを事前確認、または準備を行う。

　訪問する際にサンプルや見本などを準備する場合があります。手で運べないこともあります。訪問に際し、どのような設備や備品などが必要なのか、事前に確認します。サンプルや見本以外に、事前に運送会社などを使って運搬する、訪問先でネットワークを利用する、デモンストレーションや実演をするなどもあります。業種や職種と訪問の目的により、必要な設備や備品は異なります。必要に応じて準備します。なお、訪問先に事前に送る場合には、必ず連絡を入れましょう。

　デジタルデータを直接訪問先の方に見ていただく機会もあります。たとえば、パソコンや携帯端末を使って資料を投影し、プレゼンテーションする場合などがあります。そのための設備や備品などを、"だれが""いつまでに""どこに"準備するのかを考えます。使用する機器は持ち込むのか借用するのか、持ち込む場合は何をどれだけ持ち込むのか、事前に送るのか直接持参するのかなどを検討します。また訪問先によっては、情報セキュリティの確保の観点から、パソコンや携帯端末などの持ち込みが禁止されている場合もあります。持ち込みが可能かどうかを確認するとともに、持ち込む際には必ず事前に許可をとりましょう。

ポイント
必要な設備・備品などが使用できない際の対応策を準備する。

　機器の持ち込みが難しかったり、訪問当日は使用することができないことも考えておきましょう。たとえば、お客様先でプロジェクタを借りる予定をしていても、お客様の都合で使えなくなることもあります。また、使用している最中に使用できなくなることもあるかもしれません。持参する・レンタルする・代替の機器を考えるなどの対応策を準備しましょう。

　デジタルデータを使用する際には、万一に備え USB メモリ等に保存しておきます。印刷物を

信頼性編

準備しておくことも良い考えです。経験豊富な先輩にも相談しながら、抜けや漏れがないように対応策を考えましょう。

　普段の生活でも、日々携帯する物について、たとえば筆記用具、ハンカチ、ティッシュなど予備がなくて困ることがないように、万一に備えましょう。

ポイント

必要な資料を準備する。

　会議に必要な資料を準備します。準備する資料の数はどのようにして決めますか？会議に参加する人数は何人ですか？参加者は事前に確認していた人数より増えるかもしれません。たとえば、当日参加する方がいらっしゃるかもしれません。そこで訪問者数と対応するお客様の人数を事前に確認し、予備数も加えて準備します。

　把握した人数を参考に、必要な資料を想定される数だけ準備します。コピーする際には、コピーの前に誤字や脱字、乱丁・落丁などがないか、丁寧に調べます。コピーした後は、状況に応じて丁合や資料の止め方を工夫します。

　せっかく準備した資料を忘れてはいけません。誰が持参するのか決めておきましょう。また準備する資料が多い場合には、事前に送るのか訪問当日に持参するのか、運搬方法も含めて検討します。

1.2 お客様または社内からの訪問者を受け入れる際の準備を行う

お客様先などに訪問する場合だけでなく、お客様や社内の訪問を受け入れる機会もたくさんあります。その際の準備を考えてみましょう。たとえば、次のケースを考えてみます。

ケーススタディ

> あなたは、先輩社員から「B株式会社の方が、×月×日午前10時に来社されます。例の新製品を紹介することを考えています。一緒に準備をしていきましょう」と声をかけられました。B株式会社の方は、初めての訪問になります。さて、どのような準備をすればよいでしょうか？

ポイント

相手の状況と要望を確認する（時間、人数、施設、備品など）。

お客様や社内の方が、あなたの所属する企業や部署などを訪問するのは、目的（理由）があります。たとえば、会議、講演、営業訪問、情報共有などです。目的によって準備する備品や応対の中身が異なります。最初に相手の状況と要望を確認し、目的を把握しましょう。

上のケースでは、先輩はあなたに会議の日時だけを伝えています。終了時刻を確認しましょう。

会議に参加する人数は何名ですか？ お客様の人数や社内からの訪問者の参加人数を確認します。人数だけでなく、訪問予定の方の役職を知っておくことも大切です。役職によっては準備する施設や備品が異なる場合があります。たとえば直接会議室に向かうのか、会議の前に応接室を利用するのかなども確認します。

> **ポイント**

目的・人数に応じた施設を予約し、レイアウトを決定する。

　目的や人数に応じて、施設を予約したりレイアウトを決めます。プロジェクタなどを使う場合には、見やすさや照明の位置を考え、レイアウトや座席を考えます。

　図は、レイアウトの例です。

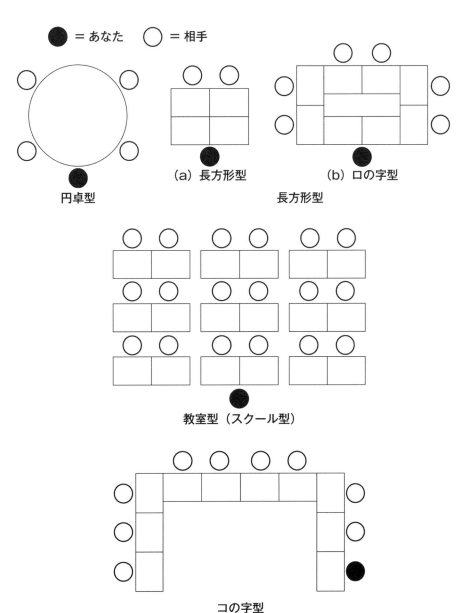

円形のレイアウトには、円卓や、楕円形があります。長方形は、3人程度が座れる長机を利用し、ロの字型に並べることもあります。

円卓、長方形、コの字型のレイアウトは、お互いの発言内容を集中して聞くことができ、意見交換を行いやすいため、ディスカッションに適したレイアウトです。
教室型(スクール型)は、参加者(相手)があなたの話に集中して聞くことができるために、プレゼンテーションや研修、講演などに適しています。

一人用のテーブルを必要な人数分で組み合わせ、レイアウトする方法もあります。いずれも参加人数と予備席を考慮し、レイアウトします。

ポイント
相手の到着前に、設備・備品・案内・資料等の準備を終える。

お客様などを受け入れる際は、到着前に準備を終えます。また使用予定の施設が整理整頓されているかを確認します。状況によっては事前の清掃が必要です。工場などの場合は、通路や白線、安全面や立ち入り禁止の場所なども確認します。

空調設備は事前に運転し、正常な稼働を確認します。使用する施設の照明なども確認しましょう。照明が切れている場合や切れかかっている場合には、設備担当部署や担当者などに連絡し、修理や交換を依頼します。

案内板などを設置する際には、わかりやすい内容で作成し、見やすい位置に置きます。

演台を利用する場合には手元の明るさも確認し、状況に応じて照明器具を追加することも考えます。

マイクを使用する場合には事前に動作を確認し、必要な数だけ準備します。電池を使用するマイクの場合は予備の電池も準備します。

コンピュータなどの機器を使用する際は、万一の故障に備え代替器を準備します。

プロジェクタを使用する際は事前に投影し、映像の明るさ(照度)、ブラインドやカーテンが必要なのかなどを確認します。

会議室などで資料を使って行う際には、事前に資料を机上に配布しておきましょう。飲み物や食事の準備が必要になる場合もあります。相手の到着当日では間に合わないことも考えられます。早めの準備を心がけます。

>　ポイント

相手が迷わず到着できるように配慮する。

　お客様などが、利用する建物を初めて訪問する際には、あらかじめ経路や入館方法を事前に連絡します。交通機関の情報、入口の場所などを含め、訪問する方が迷わず到着できるよう配慮しましょう。事前に電子メールや電話などで情報を提供することも考えます。

　受付がある場合は、事前に受付担当に訪問する方の情報を提供しましょう。大事なお客様の場合は、駅までお迎えしたり、建物入口で待つなどの心づかいも大切です。

>　ポイント

利用施設の規則を守り、終了後は施設・設備・案内等を標準の状態に戻す。

　会議終了後は、使用した施設を元の状態に戻します。案内板や掲示物の撤去、レイアウトの復元、清掃、備品を標準の状態に戻すことなどが挙げられます。カーテンやブラインドを使用した際も、標準の状態に戻します。

　コンピュータやプロジェクタなどの ICT（Information and Communications Technology）機器を使用した際は、機器を元に戻し電源を切ります。デジタルデータを ICT 機器へコピーした場合は、完全に削除することを忘れないようにしましょう。

信頼性編

1.3 お客様または社内からの訪問者を受け入れる際、コミュニケーション中の環境を管理する

物理的環境の整備には、コミュニケーション中の環境管理も含まれます。コミュニケーション中に環境が変わると集中心を欠いたり、相手の理解度や満足度の低下につながることもあります。

ポイント

相手との適切な距離を保つ(座る位置、立つ場所など)。

　相手との距離感は大切です。近づきすぎたり離れすぎたりしてはいけません。適切な距離を保ちます。**確認演習 1：相手との適切な距離を確認する**(参照 P.138)で距離感を確認できます。やってみましょう。

　座る位置は、**付録：ビジネスマナー　イロハのイ**(参照 P.154)を参考にしてください。

　プロジェクタなどを使用しスクリーンに投影してコミュニケーションを行う際には、立つ位置に配慮します。映像を遮らない位置に立ち、相手の方を向いて説明します。スクリーンを横切る際は、一言声をかけます。

ポイント

換気・室温・照明・機器の音量などを快適な状態に保つ。

　コミュニケーション中の気温の変化も配慮しましょう。たとえば、日差しが強くなり室温が上がることもあります。ブラインドやカーテンが利用できる場合には利用しましょう。また冬期は急に雪などが降り出し、気温が下がることも考えられます。ひざ掛けなどを準備することも心がけましょう。快適な環境は、コミュニケーションを円滑に進めるために大切なことです。

　照明が切れたり点滅した場合、コミュニケーション中に交換や修理は困難です。相手に詫びを入れ、コミュニケーション後に設備担当者などへ交換や修理を依頼します。

　プロジェクタを使用するときは明るさを調整します。マイクを使用する際は、音量に注意します。コンピュータやプロジェクタなどの ICT 機器の利用では、故障することもあります。速やかに代替の機器に切り替えます。万一、代替の機器がない場合は、印刷物を配布し対応します。

> **ポイント**

外部の騒音、停電など、不測の事態に対処する。

　使用している施設の近くで騒音が発生することもあります。状況を把握し、別の部屋などへ移動するなどで対応します。

　不測の事態への対処も忘れてはいけません。停電、地震、火災、雷、大雨などでは、最初に施設の安全を確認し、状況によっては速やかな避難誘導も必要です。

　コミュニケーション中の物理的環境を管理できるスキルは、変化への対応力ともいえます。特に不測の事態は、不測の字が示すとおり、すべて事前に予測したり想定することは不可能です。不測の事態が起こったら、まず落ち着きましょう。そして今起こっている状況を把握してください。状況を把握せずに行動すると、危険を伴う場合もあります。不安であれば、慌てずに先輩や上司に相談しましょう。そして、"今できる"選択肢を冷静に考えます。
　次に行動に移しましょう。不測の事態が起きている状況では、情報が限られている可能性もあります。行動の選択肢は少ないかもしれません。決断が理想といえなくとも、割り切って行動しましょう。"決断と実行"が不測の事態への大きな強みになります。

信頼性編

1.4 確認問題

問題1：会議中、日差しが強くなりお客様が眩しそうです。まず、すべきことを選択してください。

  a) ブラインドを下ろす
  b) 陳謝し、会議を継続する
  c) 会議の会場を移動する
  d) 会議を途中で終了する

ヒント：「1.3：お客様または社内からの訪問者を受け入れる際、コミュニケーション中の環境を管理する」の **ポイント** 換気・温室・照明・機器の音量などを快適な状態に保つを参照しましょう（P.12）。

問題2：ディスカッションに適したレイアウトを全て選択してください。

  a) 円卓
  b) 教室型
  c) コの字型
  d) 長方形

ヒント：「1.2：お客様または社内からの訪問者を受け入れる際の準備を行う」の **ポイント** 目的・人数に応じた施設を予約し、レイアウトを決定するを参照しましょう（P.9）。

問題3：お客様先に、携帯端末を持ち込んで使用することになりました。最初に行うことを選択してください。

  a) 携帯端末の充電を行う
  b) お客様に、携帯端末を持ち込んで使用したいと伝える
  c) 携帯端末に、使用するデータをコピーする
  d) 携帯端末が使えない場合を想定して、印刷物を準備する

ヒント：「1.1：お客様先を訪問する際の準備を行う」の **ポイント** 必要な設備、備品などを事前確認、または準備を行うを参照しましょう（P.6）。

信頼性編

> 先人の言葉
> 成功というものは、その結果ではかるものではなく、それに費やした努力の統計ではかるべきものである[1]。
> エジソン

スキル 2 －信頼の獲得と維持－

信頼性編

　ビジネスでの人間関係は、友人との人間関係とは異なります。仕事上では、気持ちの通じ合う相手ばかりとコミュニケーションをとるとは限りません。あなたの苦手な相手でもコミュニケーションをとる必要があります。自分の好みにかかわらず、相手と信頼を獲得し維持できるスキルは、ビジネス・コミュニケーションの信頼性を高める大切なスキルの一つです。

目標

コミュニケーションの相手に好ましい印象を与え、信頼を得られる言動をし、相手からの信頼を維持することができるようになる。

2.0 事前チェック

普段の生活を振り返り、学習を進める前に各項目をチェックしてください。

チェック項目		常に できる	ときどき できる	ほとんど できない
1)	おしゃれと身だしなみの違いを理解できていますか？	3	2	1
2)	尊敬語と謙譲語を理解し、使うことができますか？	3	2	1
3)	年下の人や目上の人とも分け隔てなく対応できますか？	3	2	1
4)	嫌いなタイプの人にも気を配ることができますか？	3	2	1
5)	相手の話を聞いたとき、「だって」「でも」など、否定せずに受け止めることができますか？	3	2	1

　各チェック項目の文章を読み、普段の生活で"常にできる（できている）"場合は 3 に、"ときどきできる（できている）"場合には 2 に、"ほとんどできない（できていない）"場合には1に丸を付けてみましょう。点数が高いほど、普段からあなたが実践している項目です。低い項目については、本スキル解説をしっかり学んで身につけられるようにしていきましょう。

　コミュニケーションの相手に好ましい印象を与えることが、信頼を獲得し維持することの第一歩です。

　初対面では、第一印象がその後のコミュニケーションを左右することもあります。約束を守るなどの基本的ビジネスマナーは、信頼を獲得する上でとても大切です。

　信頼を得た後は、信頼の維持を心がけます。信頼が失われそうになったら、その原因を把握し、回復に努めます。ただし、信頼の回復が不可能になりそうな場合には、上司や先輩など、その状況に適切な関係者に報告したり相談をすることも大切です。

　チェック項目 1)は、おしゃれと身だしなみの違いを理解しているかどうかを確認できます。詳しくは、**2.1：好ましい印象を与える**で学習します。

　チェック項目 2)は、正しい言葉づかいが「できる」かどうかを確認しています。「わかる（知っていること）」と「できる（できている）こと」は違います。

　チェック項目 3)と 4)は、年齢や性別、または個人の好き嫌いなどにかかわらず、等しく気を配ることができるかどうかをチェックしています。詳しくは、**2.2：信頼を得られる言動をする**で学習します。

　チェック項目 5)は、他者の発言を常に否定せずに受け止めているかを確認しています。詳しくは、**2.3：相手からの信頼を維持する**で学習します。

1.4 確認問題	解答	問題1 a)	問題2 a), c), d)	問題3 b)

2.1 好ましい印象を与える

ポイント

服装や身だしなみを整え、明るく豊かな表情を心がける。

　好ましい印象を与えるために、服装や身だしなみを整えましょう。髪がきちんと手入れされていなかったり、服にシワがあったり、履いている靴が汚れていたりなど、あなたから受ける印象が悪いと、相手の信頼は低下します。
　「身だしなみ」と「おしゃれ」の違いを理解することは大切です。

おしゃれ	身だしなみ
自分自身が好ましいと思う格好をするためのもの	相手が不快に感じないよう配慮すること
個性的、流行を意識	清潔感・職場の環境

　個性的な服装や自分自身が大好きな格好をすることは「おしゃれ」です。おしゃれは、自分が好ましいと感じるために行います。ビジネスでは、派手な洋服やアクセサリーは好ましくありません。
　自分の好みを強調しすぎた化粧は控えましょう。たとえば色が濃すぎるポイントメイクや流行を意識し過ぎたメイクは、好ましい印象を与えません。新入社員が高価すぎる品を身につけることにも注意しましょう。収入をはるかに超える高価な品を身につけることで、相手はビジネスの雰囲気にふさわしくないと感じる可能性があります。

　「身だしなみ」は、相手のために心がけて整えることです。相手が不快に感じないようにする配慮が「身だしなみ」です。身だしなみは、何よりも「清潔さ」を心がけます。働く職場の環境との調和にも気を使います。

　明るく豊かな表情は、相手に好印象を与えます。初めてお会いする方に無愛想な表情で接したら、相手はどう思うでしょうか？日頃から相手との雰囲気を和やかにできる「明るく豊かな表情」を意識し、心がけていきましょう。

信頼性編

信頼性編

> ポイント

正しい言葉づかい、適切な用語の使用を心がける。

　心は言葉に表れます。たとえば、初めてお会いする方に「なんか……ですよね」や「でしょ？」などのくだけた言葉をビジネスで使用している場面を想像してみましょう。相手の信頼を獲得することができるでしょうか？友人とのなにげないコミュニケーションと仕事上のコミュニケーションは違います。仕事の実績がどんなに素晴らしくとも、正しい言葉づかいをしなければ信頼を獲得することは困難です。普段の生活でも、常に正しい言葉づかいを心がけましょう。

　「わかる」と「できる」に大きなギャップがあるものの一つが、敬語です。「できたつもり」では、信頼の獲得にはつながりません。尊敬語と謙譲語などの敬語を日々の生活の中で練習し、自分のスキルを上げていきましょう。相手にあわせた適切な用語を使うことも忘れてはいけません。

> ポイント

社会人としての常識、マナー、場面（相手・状況）にふさわしいエチケットを守る。

　社会人としての常識やマナーも大切です。たとえば立ち方や歩き方を再確認してみましょう。相手を尊重し、失礼のないように立ち居振る舞いを意識することもマナーです。スマートフォンを使いながら歩いていませんか。たくさんの人が行きかう場所でスマートフォンを使っていたら、意識は他者に向かいません。人とぶつかったり歩く人の邪魔になったりすることはマナー違反です。

　電車の中、エレベータの中、医療機関内などで、大声で会話をすることも慎みましょう。状況にふさわしいエチケットを守ることも、信頼を獲得するための大切なスキルです。

　これら、3つのポイントで示した内容は、付録：ビジネスマナー　イロハのイ（P.149）にも詳しく紹介されています。参照してください。

2.2 信頼を得られる言動をする

相手から信頼を得られる言動も信頼の獲得と維持に必要なスキルです。たとえば、次のような場面で、どのような言動をしたら、信頼を得ることができるでしょうか。

ケーススタディ

> あなたは、初めてプロジェクトのミーティングに参加します。プロジェクトのメンバーとは、全員初対面です。初対面の方から信頼を得られる言動を考えてみましょう。

ポイント

内容に精通していることを示す。

　初対面の方から頼りになる人物であると感じてもらうには、たとえば自己紹介の中で、簡単にスキルや経歴を話します。上のケースでは、あなたはプロジェクトのメンバーです。プロジェクトを成功に導くためにも、あなたのスキルや経歴を自己紹介に盛り込み、その内容に精通していることを示すのがよいでしょう。プロジェクトのメンバーは、あなたの話を受け取り、プロジェクトにふさわしい人物として、あなたを信頼します。ただし、決してうぬぼれや自信過剰はいけません。スキルのある人は、それを誇示したりしません。自然な態度で接します。

　内容を熟知し精通しているかどうかは、普段の会話でも確認できます。たとえば

　　相　手：「あなたの趣味はなんですか？」
　　あなた：「映画鑑賞です」

この返答は、内容に精通している表現ではありません。あなたは、どのような映画が好きですか。アドベンチャー系の映画でしょうか、恋愛映画でしょうか。それとも洋画ですか、邦画でしょうか。具体的に、どんな作品が好きですか。たとえば、

　　相　手：「あなたの趣味はなんですか？」
　　あなた：「私は、〇〇が出演している映画が大好きです。なぜなら……」

などのように具体的に話すことで、相手はあなたの話に興味を持ち、もっと聞きたいと感じます。具体的に示すことは、あなたがその内容に精通しているかどうかを判断する材料になります。

信頼性編

信頼性編

ポイント
前向きに取り組む姿勢を示す。

　ビジネスでは常に前向きに取り組む姿勢を示します。たとえば、何かをやり遂げた後「少しホッとしています」で終わるのではなく、「少しホッとしています。この経験を次に生かしていきたいと考えています」と一言付け加えるだけで、相手の信頼感は、グッと高まります。
　後ろ向きの発言はいけません。負のイメージを相手に与えることは信頼関係を損ねます。おごらず謙虚な姿勢、相手を尊重し裏表のない姿勢などが、相手の信頼獲得につながります。

ポイント
全ての相手に等しく気を配る。

　ビジネスで接する方の年齢はさまざまです。相手の年齢があなたより年上でも年下でも、等しく気を配ります。
　年齢に限らず、ビジネス社会では、あなたと関わりを持つ人々は実にさまざまです。性別、異なる考えの方、異なる文化を持つ方、役職、宗教、国籍などを含め、ビジネスで関わる全ての人に対し、あなたとの違いを意識せず、自然な態度で等しく気を配ることが大切です。

　正社員で働くこと以外に、パートやアルバイト、派遣社員、契約社員など、さまざまな雇用形態があります。雇用形態の異なる人が、一緒に仕事をしている職場や部署もたくさんあります。雇用形態に限らず、ワークライフバランスを考え自分の生活スタイルなどを意識した働き方もあり、現代の働き方はさまざまです。働き方が異なっても等しく気を配ることを忘れないようにします。

　たとえば同じ職場に、新卒の社員と年上で勤続年数が長いパート社員が働いているとします。あなたが新卒の社員として、年上のパート社員とどのように接しますか？　仕事でわからないことは、年齢や雇用形態を特別に意識せず、素直に教えてもらいましょう。社会経験が長い先輩として、言葉づかいにも気を配りながら接します。

　気配りは、直接会ってコミュニケーションをとる（FTF：Face to Face communication といいます）だけでなく、ICT機器を使ったコミュニケーション（CMC：Computer-Mediated Communication）でも同様です。あなたの文章や写真・スタンプ・絵などを受け取って、相手がどのように感じとるのかに配慮して使いましょう。

ポイント

約束事を守り、ミスや間違いを認める。

　約束ごとを守るのは当然です。またミスや間違いをおかしたら、素直に認めます。後手の対応は信頼の低下を招きます。次のケースを例に考えてみましょう。

ケーススタディ

> ミーティングで、あなたに質問が投げかけられ、あなたが回答しました。少し時間がたって、回答が間違っていることに気づきました。回答内容は今のところ問題にはなっていません。あなたは、どのように対応しますか？

　このケースは質問への回答内容が誤りだったことに、後から気づいた例です。誤った回答は、今の時点では問題になっていないようですし、あなたの回答に対し、相手からのコメントや質問もないようです。しかし、これからの進捗状況によっては、問題が発生するかもしれません。最も不適切な対応は、相手が問題の発生に気づいたとき、あなたが正しい回答をしたと言い切ることです。絶対にいけません。また、問題が発生した時点で謝罪するのでは遅すぎます。ミスや間違いに気づいた場合、それを素直に認め、速やかに訂正しましょう。

2.3 相手からの信頼を維持する

相手との間に築いた信頼を維持していきます。相手の発言を否定しないで肯定的に受け止めること、感情的な発言や不適切なユーモアを控えること、信頼が失われそうな場合に原因を把握して回復に努めること、信頼の回復が不可能になりそうな場合には、適切な関係者に報告することを学びます。次のケースを例に考えてみましょう。

ケーススタディ

> あなたは、ミーティングに参加しています。あなたの発言を聞いた参加者の一人は、あなたの発言を途中で遮り「でも、それは……」と割り込んできました。

このケースを読んだ直後の感想はいかがですか？どんな気持ちになりましたか？

ポイント

相手の発言を否定せず、肯定的に受け止める。

コミュニケーションでは、自分の考えと異なる視点からの発言や異なる意見がやり取りされる場合があります。そのような場合でも、相手の発言を否定せず、肯定的に受け止めます。上のケースでは、あなたの発言を「でも、それは……」で応答しています。この場面の「でも」には、相手の発言を打ち消したい気持ちや否定したい気持ちが含まれています。

発言を途中で遮るのもよくありません。相手の発言は、最後まで聞きましょう。信頼を獲得したにもかかわらず、相手の発言を遮り否定して、信頼を失わないように注意します。

「そうですね」という口癖があります。クセは決してよくありませんが、「そうですね」には、相手の話を「受け止める」意味が込められています。ただし、「受け止めること」と「受け入れること」は違います。「受け止める」は、相手の話を自分に投げかけられたこととして自覚することです。キャッチボールでいえば、ボールをグローブでキャッチした状態です。「そうですね」という応答は、「ボールをキャッチしましたよ」と相手の話に応じたことを意味しています。相手の発言を聞いて、否定したい気持ちがこみ上げてきたら、「そうですね」を使って、いったん受け止めるようにしましょう。

「受け入れること」は、相手の発言内容を認め、聞き入れて、納得することです。言葉が心に落ちる状態ともいえます（ことわざでは「腑に落ちる」といいます）。すぐには受け入れることができない発言でも、コミュニケーションをとりながら、お互いが相手を理解していく過程で、「受け入れること」への拒絶感が徐々に少なくなっていきます。相手からの信頼を維持し、互いに

わかりあっていくために、相手の言葉を"受け止める"スキルをぜひ獲得してください。

ポイント

感情的な発言や不適切なユーモアを控える。

　感情を切り離すことは難しいですが、普段の生活から感情的な発言を控えることを心がけていきましょう。また、適度なユーモアは相手との雰囲気を和ませることにつながりますが、ユーモアを多用することは避けます。また、性別や宗教などのユーモアは控え、P.22 で学習した ポイント 全ての相手に等しく気を配る言動で、適切なユーモアを身につけましょう。

ポイント

信頼が失われそうな場合、原因を把握し、回復に努める。

　あなたの発言や相手とのやり取りが原因で、信頼が失われそうになることもあります。信頼が維持できないと、築いた信頼を失うことにつながります。失われそうになった原因を把握し、信頼の回復に努めます。学習した 2.1：好ましい印象を与える（P.19）や 2.2：信頼を得られる言動をする（P.21）を振り返ります。原因を捉え回復に努めることが、信頼の維持につながります。

ポイント

回復が不可能になりそうな場合、適切な関係者に報告する。

　失った信頼の回復が困難になる場合も生じます。その場合は決して一人で対応せず、上司や先輩など、適切な関係者に報告し、指示を仰ぎましょう。
　信頼は、階段を昇るように着実な歩みによって獲得することができます。しかし、信頼を失うのは一瞬です。獲得した信頼を維持することができるように、今まで学習した内容をもう一度振り返り、普段の行いを確認し、改善していきましょう。
　信頼は、一歩一歩着実に歩んでこそ、獲得することができます。しかし相手との間に築いた信頼は、一瞬の気の緩みで崩壊します。相手の信頼を失いそうになることに気づくためには、**スキル 7：相手からのメッセージへの対応**（P.95）能力が必要となります。信頼は、コミュニケーションの礎です。普段の言動を振り返り、改善点を見つけ出し、修正する努力を続けましょう。信頼を失う前に、修正できるスキルを養いましょう。

信頼性編

信頼性編

2.4 確認問題

問題1：初めて関わるお客様と接する際、好ましい印象を与えるものを全て選択してください。

    a) 仕事の実績
    b) 言葉づかい
    c) 身だしなみ
    d) エチケット

ヒント：スキル2 全てを再読しましょう。4つの選択肢から該当するものを全て選択することを忘れないでください。

問題2：お客様に電話をかけた際、話の雰囲気からお客様はあなたより年下に感じました。誤っているものを全て選択してください。

    a) 実際に年下かどうかを確認する
    b) 相手の口調に合わせ、敬語は使用しない
    c) 年下なので、敬語を使うかどうかを気にしない
    d) 年下と感じても、敬語を使用して対応する

ヒント：「2.2：信頼を得られる言動をする」の ポイント 全ての相手に等しく気を配るを参照しましょう(P.22)。

問題3：次の文章は、相手からの信頼を維持する方法です。誤っているものを2つ選択してください。

    a) 回復が不可能になりそうな場合でも、一人で対応し回復に努める
    b) 相手の発言を否定せず、肯定的に受け止める
    c) 信頼が失われそうな場合、原因を把握し、回復に努める
    d) ユーモアを多用し、感情的な発言は控える

ヒント：「2.3：相手からの信頼を維持する」を再読しましょう(P.24)。

信頼性編

信頼性編

先人の言葉
見えないところで、私のことを良く言っている人は、私の友人である[2]。
トーマス・フラー

スキル 3 －言語・非言語の効果的使用－

信頼性編

　信頼性3つ目のスキルは「言語・非言語の効果的使用」です。言語は音声です。非言語は、アイコンタクト、ジェスチャー、動き、さらにはメディア（ホワイトボード、プロジェクタ、配布資料など）を指します。言語・非言語を効果的に使用し、相手の興味を引きつける工夫を学習しましょう。

目標

音声、アイコンタクト、ジェスチャー、動き、メディアを効果的に使用して、相手の興味を引きつける工夫をすることができるようになる。

3.0 事前チェック

普段の生活を振り返ります。学習を進める前に、各項目をチェックしてください。

チェック項目	常にできる	ときどきできる	ほとんどできない
1) 声が大きすぎたり、小さすぎたりすることもなく、明瞭に話をしていますか？	3	2	1
2) 話すスピードは、ゆっくりすぎず、早口でもないですか？	3	2	1
3) 話すときに、適切な間をとりながら話をしていますか？	3	2	1
4) 話をするとき、相手とアイコンタクトをとり、話をしていますか？	3	2	1
5) 身振り手振りを適度に使い、話をしていますか？	3	2	1

　各チェック項目の文章を読み、普段の生活で"常にできる（できている）"場合は 3 に、"ときどきできる（できている）"場合には 2 に、"ほとんどできない（できていない）"場合には1に丸を付けてみましょう。点数が高いほど、普段からあなたが実践している項目です。低い項目については、本スキル解説をしっかり学んで身につけられるようにしていきましょう。

　言語・非言語の効果的な使用は、信頼性の 3 つのスキルの中でも特に大切なスキルです。言語・非言語を効果的に使用することで、あなたに対する信頼は高まり、相手はあなたの話に興味を持つことができます。

　言語は音声（verbal）です。言語を使ったコミュニケーションは、バーバル・コミュニケーションともいいます。音声はコミュニケーションで重要な役割を果たしています。たとえば、どんなに話の内容が素晴らしくとも、早口でまくしたてられたら、相手はあなたへの興味を失い、内容を理解したい気持ちが薄れてしまいます。声の大きさ、話すスピード、間（ま）やトーンなどは、普段の会話で意識づけを行い、練習し続けることが大切です。

　非言語（non-verbal）は、アイコンタクト（eye to eye contact）、ジェスチャー、動きや態度、表情など、言葉以外を指します。非言語を使ったコミュニケーションは、ノンバーバル・コミュニケーションともいいます。「目は口ほどにものをいう」のたとえのとおり、目は心の反映です。アイコンタクトを生かすことができれば、相手との信頼は格段に向上します。熱意や自信を伝えることができたり、相手に注目してもらったり、あるいは相手の反応を知ることもできます。

ジェスチャーや動きは、コミュニケーションを豊かにできるスキルです。しかし、クセなど相手に良くないイメージを与えるジェスチャーや動きは信頼を失う原因にもなり、注意が必要です。

必要に応じてメディアを効果的に使用することも学びます。メディアとは、コミュニケーションを仲立ちする媒体のことです。配布資料、プロジェクタ、ホワイトボードなどを指しています。

チェック項目 1)、2)、3)は、普段の言語コミュニケーションについて確認しています。声の明瞭さ、スピード、間などは、音声を効果的に使用する上でとても大切です。
チェック項目 4)、5)は、非言語コミュニケーション中でも、アイコンタクト、身振り手振りが普段からできているかどうか確認しています。

言語コミュニケーションや非言語コミュニケーション（併せて言語・非言語コミュニケーションともいいます）を普段の生活の中で意識し改善していくことで、仕事上のコミュニケーションでも生かすことができるようになります。

今まで学習した**スキル 1:物理的環境の整備**、**スキル 2:信頼の獲得と維持**に加え、本スキルで学ぶ**言語・非言語を効果的に使用すること**全てを普段の生活で実践することが、仕事上のコミュニケーションスキルを伸ばし、信頼の向上につながります。

2.4 確認問題　解答　問題1 b), c), d)　問題2 a), b), c)　問題3 a), d)

信頼性編

3.1 音声を効果的に使用する

ここではお客様先を訪問し、話をするケースを例にして、音声について説明します。

ケーススタディ

> お客様先を訪問し、静かなオフィスのテーブルで2人で話をする場合と、複数の人で会議をする場合とでは、それぞれどのような話し方が適切でしょうか。

効果的な音声の使い方を、考えてみましょう。

ポイント

相手に聞きやすい音量で、明瞭に話す。

音声は、あなたの誠実さや明るさを伝えるだけでなく、話の内容を効果的に伝える重要な役割を果たしています。

お客様先を訪問した際、常に応接室や適度な大きさの会議室を使用できるとは限りません。オフィスのテーブルなどのように、会議室を利用しない場合もあります。たとえば上のケースのように、静かなオフィスで打ち合わせをする場合もあるでしょう。対応しているお客様以外の方に迷惑にならないよう心がけましょう。話の内容によっては、他の方に聞き漏れることを避ける必要があります。音量を調整し、小声で話をするなど配慮しましょう。

大きな会議室では、あなたから離れた席に座る方にも聞こえるように、音量を調整します。状況によっては、マイクなどを使用します。マイクを使う場合には、聞き取りやすい音量調整を心がけます。

適度な音量でも、はっきりとした（明瞭な）話し方ができないと、相手はあなたの話を聞きとることが難しく、相手の理解の妨げになります。明瞭に話すには、口を大きくはっきりと開けるようにします。口の開き方が小さいと感じている場合には、たとえば鏡に向かって"あ・え・い・う・え・お・あ・お"と大きく口を開いて3回発声する練習を続けてみましょう。特に"あ"と"お"を意識すると、明瞭で歯切れのよい発声になります。また、**確認演習3：母音で会話してみよう**があります（P.140）。ぜひ参考にしてください。

> ポイント

話し方に変化を持たせ、重要なポイントを明確にする（スピード、抑揚、間など）。

音声は、音量だけでなくさまざまな表現があります。話すスピード、抑揚、間などです。話すスピードや抑揚、間などを効果的に使用し、話し方に変化を持たせていきましょう。

○スピード

話す「スピード」が早すぎると、聞き取れないこともあります。一方的に追い立てられる印象を与える早口は慎みます。特に電話でのコミュニケーションでは、早口になる傾向がありますので注意しましょう。

ゆっくりすぎる「スピード」も相手の感情を害することがあります。「スピード」は常に一定ではなく、大切な部分や重要な箇所はゆっくり話すなど、状況によって変化を持たせます。

○抑揚

「抑揚」は、声の高低による変化です。質問などは語尾を上げますが、上げ過ぎると違和感があります。はっきりと伝えたい箇所では、語尾を下げるように心がけます。「抑揚」が乏しいと、単調な印象を与えてしまいますので注意が必要です。

○間（ま）

話の途中で一呼吸おくのが「間」です。話の中で適切な「間」を取ると、相手は話の内容を理解しやすくなります。特に早口になりやすい場合は、「間」を取ることに注意を払います。徳川夢声は、「話術はマ術なり」[3]と語っています。この"マ"は間のことです。間がとても大切であるという名言です。大切な言葉を発する前や、問いかけするとき、質問を行った後などで「間」を取ると効果的です。

話す際、「間」の取り方が苦手な場合は、たとえば相手からの問いかけに対し、「ええ」や「そうですね」などの「相づち」の後で一呼吸おいてみましょう。自分が話したいことを話す前に相手の話を受け取り、「相づち」を使うことで、話す前の間を作ることができます。

「相づち」については、7.1：**アクティブ・リスニングを行う**（P.97）を参考にしてください。

> ポイント

状況に応じて、話し方を調整する（トーンなど）。

話すスピード、抑揚、間に加えて、話し方の調整も大切なポイントです。状況に応じて、声のトーンを変え、話し方を調整できるようにしましょう。

信頼性編

○トーン

　「トーン」は、声の高低のことです。トーンは、相手に与える印象を大きく変える効果があります。あいさつするときは音量だけなく声の「トーン」を意識し、「トーン」をほんの少し高くします。

　「トーン」が高くならないように意識し、少しゆっくりと話すと、安心感や落ち着いた雰囲気を相手に伝えることができます。

　謝罪するときは「トーン」を低くします。高い「トーン」の謝罪では、信頼を得ることが困難です。

　普段の生活で「トーン」を意識すると、熱意があるとき、冷静なとき、喜びや感動を伝えたいときなど、「トーン」が変わってくることに気づきます。気持ちを伝える姿勢で、「トーン」を変えることができます。

3.2 アイコンタクト、ジェスチャー、動きなどを効果的に使用する

非言語メッセージには、アイコンタクト、ジェスチャーなどがあります。非言語メッセージを効果的に使用し、相手の興味を引きつけるスキルを身につけましょう。たとえば、次のケースを考えてみましょう。

ケーススタディ

> あなたは、20人程度が集まった会議に出席しています。出席者全員と非言語メッセージを使います。どのようなことに配慮しなければならないでしょうか。

このケースで、
- 会議中、出席者の誰ともアイコンタクトを取らずに、たとえば配布された資料を読んでいたとしたら、出席者はどのように感じるでしょうか。
- 難しい議題について思考を巡らすために、長い時間目を上に向けていたとしたら、出席者はどのように感じるでしょうか。
- 参加者の一人を睨みつけるような目で見ていたとしたら、見られている人はどのように感じるでしょうか。

ポイント

全ての相手とアイコンタクトをとる。

「目は心の鏡」[4]といわれるように、目の動きにはその人の心が表れます。自信や前向きに取り組む姿勢は、心に良い影響を与えます。その上で、アイコンタクトやジェスチャーなどを効果的に使用すると、あなたは相手の興味をさらに引きつけることができます。

アイコンタクトの基本は、相手の顔（鼻のあたり）をさりげなく見て、時々その人の目を見るようにします。アイコンタクトだからといって、目だけをじっと見すぎると相手に良い印象を与えず、時として押しつけがましいと受け取られるかもしれません。逆に視線が定まらないと、落ち着きがないと感じられます。

信頼性編

　アイコンタクトせずに下ばかり見ると、相手は不安や不信を感じます。また、目だけを相手に向け身体を向けない姿勢や、上目遣いや見下ろしたりするのもよくありません。

　複数の相手がいる場合には、特定の人だけを見るのではなく、全ての相手とアイコンタクトをとることを心がけます。会場全体の人を見回すようにゆっくりと視線を移動しながら、発言者だけでなく、全員とアイコンタクトをとります。会議などで複数の相手に話をするときも、一人にアイコンタクトを集中させず、参加者全員に気を配ることを忘れずに、ゆっくりと見回しながら話します。

　ただし、全ての相手とアイコンタクトをとることは、全体を眺めることとは異なります。全体を眺めているときは、確かに目は前を向いているのですが、視線が合っていません。複数の相手とコミュニケーションをとる際は、"常に誰か"とアイコンタクトをとるようにしましょう。

　アイコンタクトでは、目の表情（目つき）がとても大切です。鏡の前で、笑顔や上目遣い、きつい目などを試し、笑顔や柔らかい顔を作ったときの目の表情を確認します。その後、鏡の中の自分に向かって自然なアイコンタクトの練習をしましょう。

ポイント

相手のニーズにあわせてアイコンタクトの量を調整する。

　アイコンタクトをとると、相手が目をそらす場合があります。たとえば**スキル 2：信頼の獲得と維持**が不十分な場合や、あなたが伝えたいことを相手は受け取りたくないと感じている場合が挙げられます。このような状況で、伝えたい気持ちが強すぎると、じっと相手を見つめてしまうこともあります。無理にアイコンタクトをとってはいけません。伝えたい思いが強すぎるとアイコンタクトがきつくなることがあります。相手の気持ちを尊重し、柔らかな視線で対応します。このような状況では、たとえば鼻を中心として顔全体を見たり、時々目を見るなどを使い分けながら、アイコンタクトの量を調整して伝えたい気持ちを和らげるようにします。さらに、伝えたい内容を別の表現で語りかけたり、相手以外の人に語りかけるなど、ゆっくりと着実に相手の信頼を得ていく努力をしましょう。そうすることで、次第に相手のアイコンタクトの量も増えていきます。

　あなたの話に興味を示したり、あなたの話に共感できるときなどは、相手から積極的にアイコンタクトをとってくることもあります。語りかけたり、質問を投げかけるなどの姿勢で接すると、さらに信頼を高めることができます。

　アイコンタクトの量は、目力（めぢから）の強弱です。たとえば相手が興味などを示し、グッと

目を開くこともあります。目力が強くなった状態です。その際は、相手の目の開き方に反応させ、目を少し大きく開きます。ドキッとした表情やきつい目で受け取ったり、驚いて視線を外したり、目力を強めて見返すのは好ましくありません。相手が戸惑いを感じることにつながります。あくまで自然なアイコンタクトを心がけます。

相手からの柔らかいアイコンタクトには柔らかいアイコンタクトを、力強いアイコンタクトにも柔らかい対応を心がけることを、"目の間合い"と呼んでいます。アイコンタクトは"とる・とらない"という ON/OFF ではありません。相手のアイコンタクトと適度な間合いをとることが、とても大切です。相手のニーズにあわせてアイコンタクトの量を調整できるスキルを磨くために、普段の会話を利用し、アイコンタクトの量を確認してみましょう。どんな時に"目の間合い"が変化するのかを知ることが、スキルアップへのカギとなります。

ポイント

ジェスチャーや動きなどを効果的に使用する。

ジェスチャーや動きなどは、話す内容を補足したり強調したり、相手の興味を引きつけるなどの効果があります。たとえば、両手を使って伝えたい事柄の大きさを表現すると、相手は具体的なイメージを持つことができます。ただし、1本指で相手を指示したり、会議中に腕組みをしたりするのは信頼の低下につながります。文化が異なるとジェスチャーの意味が違うこともありますので注意しましょう。

髪、ネクタイ、洋服を触ったり、ペンを回したり、意味のないメモを書いたりするなどの動きは、信頼を失う原因にもなります。普段の生活で、しぐさやクセを確認し、修正していくように心がけます。

確認演習の中に**確認演習 4：言語・非言語を効果的に使い、昔話を語る**(P.141)があります。ジェスチャーを入れながら、昔話を語ります。ぜひ何度も演習してみましょう。演習を通じ、ジェスチャーの、"わかる"と"できる"のギャップに気づくかもしれません。

3.3 必要に応じてメディアを効果的に使用する

配布資料、プロジェクタ、ホワイトボードなどのメディアを使用するには、それぞれの特徴を理解し、伝える内容がさらに魅力的になるように使います。メディアを使用することで、相手が興味を持って聴いてくれる、説明時間を短縮できる、相手の理解が深まるなどの効果を得ることができます。

ポイント

配布資料、ホワイトボード、プロジェクタなどを効果的に使用する。

○配布資料

　配布資料は、**スキル1：物理的環境の整備**(P.7)で学習したように、事前に準備します。たくさんの配布資料を配ればよいというわけではありません。レジュメ、相手の理解を深めるための補助資料、パンフレット、案内資料、プロジェクタで投影した情報と同じ資料など、あなたの目的に応じて配布します。あなたが発表者の場合は、発表に与えられた時間に応じて資料の枚数を調整し配布します。

　配布方法としては、事前に郵送する、参加者の席に事前配布する、語りかけながらその都度配布するなどの方法があります。効果を考えながら、配布方法を決定します。

○ホワイトボード

　ホワイトボードは、その場で図を描いたり、文字を書くことができるので、たとえば質疑応答の場面で使うことも効果的です。

　アイデアや意見を出し合う場面では、ホワイトボードに同時進行で書いたり描いたりすることで、語り合いの内容を「見える化」したりまとめたりすることができます。

　ホワイトボードを使用する際は、ホワイトボードの縦横のサイズを考え、読みやすい文字や見やすい図にします。小さな文字で書きすぎると、理解の深めるどころか相手の信頼を失うことにもなります。使う前にホワイトボードのサイズをイメージし、ホワイトボードのどこに何を描くのかなどのレイアウトを検討しましょう。

　ホワイトボードを使用し、講義や会議を進行したり、みんなでアイデアをまとめることを、「グラフィック・ファシリテーション」[5]といいます。ホワイトボードの効果的な使用に興味のある方は、ぜひ参考書籍を手に取り、学びを深めてください。

〇プロジェクタ
　プロジェクタは、卓上式のものや講堂などの大きな会場で使用できるものなど、大きさはさまざまです。特長を考えながら使います。お客様先などに持参する場合は、プロジェクタの性能や使い方などを事前に確認します。お客様先などでお借りする場合には、開始時刻よりも前に到着し、操作方法や映り具合を確認します。

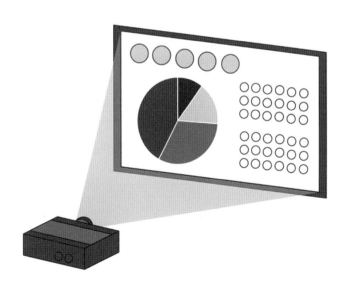

信頼性編

　プロジェクタを投影するスクリーンは、備え付けを使うのか移動式を使うのかを、使用する前に検討します。スクリーンを使わず、たとえば壁などに投影すると効果が半減します。

　プロジェクタで投影する資料は、わかりやすく簡潔に作成します。文字数が多すぎる、図や表が小さすぎると、相手の興味を失うことにつながります。
　デジタル資料を投影する際には、事前に映り具合や色合いなどをプロジェクタスクリーンから最も遠い席で確認し、状況により見やすい大きさや配色に変更します。

　スクリーンを使用する際は、投影するスクリーンのそばに立ち、スクリーンを見ながら話すのではなく、相手にアイコンタクトとることを心がけます。
　適度にジェスチャーを交えながら話すことも効果的です。直立不動で動きがない話し方は、雰囲気の低下を招きます。
　指示棒やレーザービームポインタなどを使う場合は、スクリーンの中で指し示し、動きを止めます。指棒をぐるぐる回しながら説明すると、スクリーンを見ている人の目が疲れます。
　歩き続けながら話したり、スクリーンの前を横切ったり、背中を見せながら話すことは慎みます。スクリーンの前を横切らなくてはいけない場合は、たとえば「申し訳ございません。横切ります」などと、一声をかけてから移動します。

3.4 確認問題

問題1：複数の相手と会話をする際、アイコンタクトをとる対象で最も適しているものを選択してください。

　　　a)　会話に積極的に参加していない人
　　　b)　全員
　　　c)　一番年下の人
　　　d)　あなたの会話を積極的に聞いている人

　ヒント：「3.2：アイコンタクト、ジェスチャー、動きなどを効果的に使用する」を参照しましょう（P.35）。

問題2：プレゼンテーションソフトで最も効果的に表現できるものを選択してください。

　　　a)　細かな設計図
　　　b)　詳しく説明した長い文章
　　　c)　わかりやすく見やすい図
　　　d)　たくさんの数値が入った表

　ヒント：「3.3：必要に応じてメディアを効果的に使用する」の、〇プロジェクタについてを参照しましょう（P.39）。

問題3：会議のために資料を作ることになりました。資料を生かすための配慮として、効果の高いものを全て選択してください。

　　　a)　会議に一緒に参加する同僚が作成した資料を参考にする
　　　b)　プレゼンテーションソフトで作成した配色を、会議の場所や広さを確認して変更する
　　　c)　与えられた時間を考慮して、資料の量を調整する
　　　d)　同じような内容で行った過去の会議資料をそのまま利用する

　ヒント：「3.3：必要に応じてメディアを効果的に使用する」の〇配布資料（P.38）と〇プロジェクタについてを参照しましょう（P.39）。

信頼性編

先人の言葉
言葉は心の足音である (6)。
松原泰道

共感性編

共感性で学習するスキル

スキル4 心理的環境の管理

スキル5 表現方法の調整

スキル6 質問の活用

スキル7 相手からのメッセージへの対応

共感性は、次のスキルで構成されています。

　相手とリラックスした雰囲気を作りながらコミュニケーションを進めることができる**スキル4：心理的環境の管理**、相手が理解しやすい構成で話したり、相手にあわせた表現を工夫したり、逸話や比喩などを使用できる**スキル5：表現方法の調整**、質問の目的や種類を理解し、適切に質問を投げかけ、質問に対する相手の回答を尊重して柔軟に対応できる**スキル6：質問の活用**、そしてアクティブ・リスニングを行いながら相手からの質問に対して的確に回答したり、相手からの非言語メッセージに対応できる**スキル7：相手からのメッセージへの対応**の4つのスキルです。

　共感性は、相手の立場になって感じ取り、感じ取ったことに対して丁寧に対応できるスキルを指します。思い込みや固定観念で判断するのではなく、相手とのやり取りの中で今、起こっていることをきちんと理解することが共感につながります。相手との雰囲気は、コミュニケーションの中で変化していきます。変化に対応できるスキルを学びます。

　相手の期待や要望を確認せず、あなたが一方的に伝えたいことを話しても、相手はあなたの言葉を受け止めることができません。相手があなたの話に理解を示し満足してもらうために、相手の立場で考え、丁寧でわかりやすい表現を工夫します。

　相手の理解度や満足度を確認するには、質問を活用します。「質問できる力」はあなたのビジネス・コミュニケーション・スキルを格段に向上させることができます。

　コミュニケーションは、言語・非言語メッセージを使った相手とあなたとの総合的なやり取りです。相手からの言語・非言語メッセージへの対応次第で、やり取りの質が決まるともいえます。メッセージには、相手が伝えたい気持ちが含まれています。相手からのメッセージに対し、適切に対応することができればできるほど、あなたへの共感は高まります。柔軟な気持ちで相手の言語・非言語メッセージを受け取り、的確に対応できるスキルを獲得しましょう。

　共感性で学習する4つのスキルは、普段の生活のクセが出やすいスキルです。生活を振り返りながら、何ができて何ができないのか、できたつもりになっていることも含めて明確に捉え、一歩ずつ着実に向上させましょう。

スキル 4 －心理的環境の管理－

共感性編

　コミュニケーションの開始時は、相手にリラックスしてもらうことが大切です。相手があなたの言葉を受け取る姿勢ができていない状態では、あなたが一方的に話を伝えようとしてもうまくいきません。相手の心理状態を確認できるスキルが必要です。

　会話の途中で話が終わってしまい、気まずい雰囲気になってしまうのは、コミュニケーションが円滑に進んだとはいえない状態です。ここでは、コミュニケーションを円滑に進めることができるスキルを学びます。さらに、万一、コミュニケーションが良くない雰囲気に変わりそうな状況でも、雰囲気の悪化を最小限に抑えるスキルを学びます。

　心理的環境の管理では、「心理的な環境を向上させること」、「コミュニケーション中に円滑に進行できること」、「コミュニケーション中の雰囲気の悪化を最小限度に抑えること」の3つを学んでいきます。

目標

コミュニケーション開始時の心理的環境を向上させ、コミュニケーション中の雰囲気の悪化を最小限に抑えることができるようになる。

4.0 事前チェック

普段の生活を振り返ります。学習を進める前に各項目をチェックしてください。

チェック項目	常にできる	ときどきできる	ほとんどできない
1) 友人との会話で、話のきっかけを意識していますか？	3	2	1
2) コミュニケーションで、相手の気持ちを考えながら問いかけていますか？	3	2	1
3) 友人とのコミュニケーションで、相手の合意を得ながら会話をしていますか？	3	2	1
4) 打ち合わせなどで、終了時刻を守っていますか？	3	2	1
5) 打ち合わせなどで、進行状況に応じて時間配分を調整していますか？	3	2	1

共感性編

　各チェック項目の文章を読み、普段の生活で"常にできる（できている）"場合は 3 に、"ときどきできている"場合には 2 に、"ほとんどできていない"場合には1に丸を付けてみましょう。点数が高いほど、普段からあなたが実践している項目です。低い項目については、本スキル解説をしっかり学んで身につけられるようにしていきましょう。

　コミュニケーションの心理的な環境は、あなたと相手が作り上げる雰囲気です。雰囲気はコミュニケーションを円滑に進める上で大切です。話の弾む空気感、落ち着きのある空間などは、お互いの心理的な環境が良い状況です。一方、険悪になりそうな場合は、心理的環境は決して良いとはいえません。

　チェック項目1)は、コミュニケーション開始時に相手との雰囲気を意識しているかどうかを確認しています。
　チェック項目 2)は、相手の立場に立って質問を投げかけているかどうかを確認しています。
　チェック項目 3)は、一方的に話を進めるのではなく、相手と合意形成を図りながらコミュニケーションができているかを確認しています。
　チェック項目 4)は、常に終了時刻を意識しているかどうかを確認しています。
　チェック項目 5)は、打ち合わせなどで、時間配分の調整を行っているかを確認しています。
なお、チェック項目の 1)や 3)は、「友人」を「お客様」に読み替えて確認することもできます。

| 3.4 確認問題 | 解答 | 問題1 b) | 問題2 c) | 問題3 b), c) |

4.1 コミュニケーションの開始時に、心理的環境を向上させる

あなたが友人と会話を始める際、どのような言葉から開始していますか？ コミュニケーションの開始は、相手とのコミュニケーション全体へ影響を与えます。ここでは、相手があなたとのコミュニケーションに参加しやすい雰囲気づくりを学びます。

ビジネスは、目的と目標を必ず決め確認しながら進めます。コミュニケーションの開始時にも、目的と目標を確認します。目的と目標の違いを学ぶと同時に、目的と目標に対する相手の期待や要望を確認する意義も学びます。

ポイント

相手にリラックスしてもらい、参加や貢献を促す雰囲気を作る。

相手との雰囲気が良好であればあるほど、コミュニケーションは円滑に進みます。そのため、コミュニケーション開始時の雰囲気づくりはとても大切です。仕事では、さまざまな相手とコミュニケーションをとります。どのような相手でも、相手がコミュニケーションに参加しやすい雰囲気を作るために、本題に入る前の会話のきっかけ（とっかかり）を作ります。

話のきっかけ作りには「キドニタテカケシ衣食住」があります。話題に困っている際の話の糸口にもなります。

キドニタテカケシ衣食住

キ	季節・気候の話	四季、景色、風物、年中行事
ド	道楽・趣味の話	趣味、関心を持っていること
ニ	ニュースの話	時事問題、芸能、スポーツ 今話題になっているニュース
タ	旅、出身地の話	旅行、都道府県、田舎
テ	テレビの話 天気の話	テレビ番組、映画、CM、出演者など 昨日・今日、明日など最近の天気
カ	家族・家庭の話	家族の中で起こったこと
ケ	健康の話	健康管理、健康グッズ、ダイエット、花粉症など
シ	仕事・職場の話	仕事・職場、学業、学校
衣	衣服	その時の服装、流行、ファッション、髪型など
食	食べ物	好きな食べ物、季節の食べ物など
住	住まい	現在住んでいる所、出身地など

共感性編

「キドニタテカケシ衣食住」を使うことで、会話のきっかけの幅が広がります。自分の会話のきっかけのクセを知り、上表の、どの話の糸口を使う頻度が多いか・少ないかを確認してみましょう。話の糸口の幅が広がると、さまざまな相手に対応できるようになります。普段、話の"とっかかり"に苦労している人は、ぜひ「キドニタテカケシ衣食住」を使ってみましょう。

　ここで注意すべき点は、回答しやすい"問いかけ"からスタートすることです。会話のやり取りは、話のきっかけをスタートに、キャッチボールのように続いていかなければなりません。せっかく「キドニタテカケシ衣食住」で会話がスタートしても、一回だけの会話のやり取りで終わってしまい、継続しないのでは意味がありません。たとえば、春に「花粉症の季節になりましたね」と相手に語りかけたとします。相手が会話のキャッチボールができる方なら「そうですね。私、花粉症がひどいんです。□□さんはいかがですか？」とボールを投げ返してくれますが、そうでない場合は「花粉症の季節になりましたね」と語りかけても、「そうですね」で終わってしまいます。会話が進展しません。

　そこで、「花粉症の季節になりましたね。〇〇さん、花粉症は？」などと、話の終わりに"問いかけ"を追加すると、相手はとても応答しやすくなります。適切な問いかけで返答のハードルが下がると、話すのが苦手な方でも答えやすくなります。「キドニタテカケシ衣食住」＋「問いかけ」を意識しましょう。

　ただし、必ずしも雰囲気づくりを優先するとは限りません。たとえば、納期の決定や変更、仕様決定や変更、クレーム処理などでは、次に説明するポイント「目的と目標の確認」や「相手の期待や要望確認」を優先します。

共感性編

> **ポイント**

コミュニケーションの目的と目標を確認する。

　仕事上のコミュニケーションには、目的と目標があります。目標は、目的を達成するための具体的行動や指標です。たとえば山に登ることで考えると、どの山に登るのかを具体的に決めます。仮にA山に登ると決めたら（目的）、A山に登るためのルートの中で、どのルートを通って頂上まで登るのかを決めます。Xルートを選択するのか、Yルートで登るのかを具体的に決定します。ルートが決まったら、どの程度の時間をかけて頂上まで到着するのかを決めます。Xルートを選んだのなら、Xルートを通ってA山の頂上に〇時間で登ることができるのかを考えます。文末を「～できる」に変えて表現すれば、

　　　　　A山の山頂まで、Xルートを通って〇時間で登ることができる。
　　　　　　　↑条件　　　＋時間＋〇〇できる

これが目標の設定です。目標は、条件や範囲と時間を考慮し、文末は「～できる」と表現します。条件や範囲と時間を明確に設定すると、目標は具体的になります。

　コミュニケーションの目的と目標を確認すると、相手と具体的な内容に移る前に、相互でコミュニケーションの意味を確かめることができます。
　たとえば、突然「〇月〇日の〇時に××に集合してください」と言われたら、どうしてその時間に××に集まらなくてはいけないのかと疑問を持つでしょう。なぜそれをしなければならないのか、目的が曖昧なままでは納得ができません。コミュニケーションの開始時には、相手と目的と目標を確認しましょう。この例では、「重要な伝達事項があります。〇時に会議室に集まってください」と言えば、集合の目的が明確ですね。
　また、あなたが目的や目標の曖昧な発言を受け取ったなら、**スキル 6：質問の活用**(P.75)を使って相手に質問を投げかけ、確認します。目的や目標の「わかったつもり」は、今後の進展に悪影響を及ぼす可能性があります。

　本スキルでは、コミュニケーションの開始時に目的や目標を確認することを学んでいます。コミュニケーションの開始時ばかりではなく、**スキル 8：コミュニケーションの準備**(P.113)で目的や目標を確認することもできます。終了時にも確認します。準備段階や終了時点での目的や目標の確認は、スキル 8 やスキル 9 で学習します。

共感性編

ポイント

目的と目標に対する相手の期待や要望を確認する。

　コミュニケーションの開始時に、目的と目標に対する相手の期待や要望を確認することは大切です。次のケースで理解していきましょう。

ケーススタディ

> あなたはお客様先を訪問し、新商品について紹介をすると仮定します。訪問の目的は事前に連絡し、資料も郵送済みです。相手の期待や要望を確認する視点で考えてみましょう。

あなた：「本日は、お時間を頂き、誠にありがとうございました」

と、話を始めたとします。一通り説明が終わったところで、

あなた：「いかがでしょうか？今度の新しい商品についてご感想をお聞かせください」
相　手：「せっかく来てもらったので、説明を聞いていましたが、実は現在の商品との違いを具体的に説明してほしかったのですが……」
あなた：「それでは、これから……」
相　手：「いや、今日はもう時間がないので、次の機会にでも教えてください」

いかがでしょうか。相手に説明を始める前に、確認を怠ると、ビジネスチャンスを失うことにもつながりかねません。コミュニケーションの開始時に、たとえ目的や目標をあらかじめ知っていたとしても、必ず事前に確認するようにしましょう。

あなた：「本日は新商品についてご案内に伺いました。お送りした資料はご覧いただいているかとは思いますが、感触はいかがでしょうか？」
相　手：「そうですね。今使っている商品との違いを、特に具体的に教えてもらえませんか？」
あなた：「かしこまりました。それでは、数値データも含めて、従来商品との違いを説明いたします。確認ですが、お時間は30分ほど頂戴できると伺っておりましたが、よろしいでしょうか？」

目的と目標を事前に確認することで、同じ方向に向かってコミュニケーションをとることができるようになります。また、直前の相手からの要望を取り入れ、事前に考えてきた内容を修正しながら臨機応変に対応することもできます。コミュニケーションは動いています。事前に確認した相手の期待や要望が、コミュニケーション開始時には異なることもあり得ます。相手の期待や要望は変化することを前提に、コミュニケーション開始時には必ず相手の期待や要望を確認するようにしましょう。

次のケースを使って、コミュニケーション開始時の心理的環境について、さらに考えてみましょう。

ケーススタディ

> あなたは、あるプロジェクトのリーダーです。上司から一つの課題を解決することと、具体的な目標を指示されました。最初のプロジェクトミーティングで、プロジェクトメンバーの意識を高め、目的と目標を共有していくには、どのようなことをするのが好ましいでしょうか？

共感性編

最初のプロジェクトミーティングです。プロジェクトの目的は、上司から与えられた一つの課題を解決することです。

　仮にメンバーの期待や要望を確認せず、上司から指示された目的と目標をそのまま伝えて進めたとすれば、メンバーの意欲は維持できるでしょうか？あなたが課題解決の必要性、プロジェクトに対する期待や要望などをメンバーと共有せず、一方的に伝えると、メンバーの共感を得ることは難しいでしょう。今回のプロジェクトに熱意と意欲を持っているメンバーだけでなく、不安を抱えているメンバーもいるかもしれません。プロジェクトに対するメンバー一人一人の考えや要望・期待など、それぞれの気持ちを受け取り共有することがプロジェクトを進めるためにはとても大切です。

　最初のミーティングで大切なのは、目的や目標をメンバー全員で確認し、プロジェクトの方向をメンバー一人一人が合意することです。なぜその課題をプロジェクトで解決する必要があるのかを共有し、全員で確認することです。その上で、メンバー一人一人の期待や要望を確認し、プロジェクトの運営に反映します。期待や要望を確認するとメンバー間に"共感の輪"が広がります。

共感性編

4.2 コミュニケーションを円滑に進行する

コミュニケーションを円滑に進めるには、あなたは相手との良い雰囲気を保ちながら状況を確認し、さらに相手の合意を得ながらやり取りを行います。コミュニケーション中に、目的と目標に対する相手の期待や要望が変わる可能性もあります。質問を投げかけながら相手の気持ちの変化を受け止め、円滑に進めていきます。

> **ポイント**
>
> コミュニケーションの方法を提案し、合意を得る（説明、質問、質疑など）。

あなたと相手との間で目的や目標を相互に確認ができたら、コミュニケーションの方法を提案し、方法に対する相手の合意を得ます。

たとえば、相手に何かを説明する際には、

あなた：「まず、私が説明いたします。その後、質疑応答の時間を取らせていただきますが、この流れで、よろしいでしょうか？」

と"語りかけ＋問いかけ"を使います。問いかけを用いてお互いが確認できると、コミュニケーションを円滑に進めることができます。単に「〜説明させていただきます」だけでは、相手があなたの話に合意したかどうかを確認していませんので、会話を進めていくとずれが生じる可能性があります。相手の合意がないまま話を進めると、雰囲気の悪化を招く可能性があります。

前述した相手の期待や要望を確認するためにも、"語りかけ＋問いかけ"を積極的に活用しましょう。問いかけを使うと、相手の気持ちを確認することができます。期待や要望の変化があれば、問いかけへの反応で相手を理解することができます。なお、**スキル 5：表現方法の調整**の **ポイント** 重要なポイントや話の転換を明確にして話す（参照 P.65）で、問いかけについて、さらに詳しく学習します。

共感性編

> ポイント

進行状況を把握し、円滑に進行するために必要な役割を果たす。

　コミュニケーションは、時間の経過とともに変化します。進行に応じて状況を捉え、あなたはコミュニケーションを円滑に進めるために、必要な役割を果たしていかなければなりません。では、どのような役割を果たせばよいでしょうか？

　コミュニケーションに参加している相手に気を配り、相手の状況を常に把握します。複数の相手では、全員の言語・非言語メッセージに気を配ります。たとえば、発言する量が減った、机の上に置かれている書類をじっと見るようになった、積極的に意見を出すようになったなど、変化を捉えます。あなたの役目がコミュニケーションの進行役である場合でもそうでない場合も、役目に関係なく常に参加者全員の状況を確認します。

　全ての相手に気を配ることは、**スキル 2：信頼の獲得と維持**でも学習しました（参照 P.22）。軸足を相手に置き、全ての相手に等しく気を配り、状況を常に観察していきましょう。

> ポイント

必要に応じてコミュニケーションの方法を変更する。

　お互いに目的と目標を確認し、コミュニケーションの進め方で合意が得られても、コミュニケーション中に相手の期待や要望が変わり、コミュニケーションの方法を変更しなければならない状況が起こるときがあります。たとえば、次のケースで考えてみましょう。

> ケーススタディ
>
> あなたは、最初に「○○について、これから説明いたします。なおご質問は説明終了後にお願いしたいと思いますが、いかがでしょうか？」と問いかけ、相手が同意し説明を始めました。ところが説明の途中で、相手から質問を受けました。あなたはどうしますか？

　「説明の途中で質問はしないと合意したはずなのに……」と思っていませんか？相手は説明終了後に質問を受け付けると同意しているので、あなたはその約束を守ってほしいという気持ちがあるかもしれません。その場合には「質問は、最後でお受けします」と応答するかもしれ

ませんね。

　相手は、質問は説明終了後に行うと、確かに合意していたのです。それでもあえて"今"質問してきました。なぜでしょうか？質問のタイミングについての合意を踏まえていても、相手はどうしても"今"質問したかったのですね。その気持ちを受け取ってください。「質問は、最後でお受けします」と返答すると、相手は、自分の気持ちを受け取ってもらえなかったと感じてしまいます。相手の気持ちを受け取り、それに応答できることが共感のある対応です。

　では、具体的に考えてみましょう。あなたは、まず相手の質問を受け取ります。質問内容を確認し、内容がこれから説明することであれば、たとえば次のように回答します。

　　あなた：「ご質問ありがとうございます。××については、次に説明いたしますが、その説明を聞いていただき、その時点で、改めてご質問を確認したいと思うのですが、よろしいでしょうか？」

　相手の質問に即答しても終了時刻を超えることはないと判断でき、さらに今まで説明した内容に関する質問の場合には、たとえば次のような回答も考えられます。

　　あなた：「ご質問ありがとうございます。ご質問をいただきました××について、もう少し詳しく説明いたします。よろしいでしょうか？」

　相手とのやり取りは、相手の理解度や満足度で変化します。相手の状況の変化に応じ、必要があれば柔軟に変更しましょう。

共感性編

4.3 コミュニケーション中の雰囲気の悪化を最小限に抑える

コミュニケーション中の雰囲気は、刻々と変化していきます。それまで堅苦しい雰囲気が一瞬にして和やかな雰囲気に変化したり、熱い議論が終わりホッとした雰囲気になったりと、時間の経過とともに雰囲気が変わること、それがコミュニケーションの醍醐味でもあり、奥行きのあるスキル（高度なスキル）が必要な理由の一つです。

コミュニケーション中には、雰囲気が悪化しそうになることがあります。たとえば、物理的環境が変化した場合、約束の終了時刻にコミュニケーションが終了できそうもない場合、使用していたICT機器が復旧できない場合、議論が白熱しすぎて感情的な言葉のやり取りが増えてきた場合などです。たとえば、次のケースで考えていきましょう。

ケーススタディ

> 会議で議論が白熱し、予定していた終了時刻が迫ってきました。予定していた議題はまだ残っているのですが、とても今回の会議の時間内に終わりそうもありません。あなたがリーダー役の場合、どのように行動しますか？

ポイント

約束の時間内に、コミュニケーションを終える。

コミュニケーションの開始時刻と終了時刻は、守らなければなりません。コミュニケーションは、約束の時間内に終了することが前提です。しかし、実際にコミュニケーションが進行していくと、必ずしも計画した時間配分では進まないこともあります。たとえば上の例のように、終了時刻が迫っているにもかかわらず、予定していた議題が残っていることもあります。どのように対応すればよいでしょうか？少し考えてから、次の対応例を読みましょう。

- 気にせず会議を進め、終了時刻になったら議論が途中でも終了しますか？
- 終了時刻に終わらせるために、議論を急がせますか？
- 終了時刻を気にせずに議論を続けますか？

途中で会議を中止したり議論を急がせると、議論は未消化に終わる可能性が高くなります。一方、終了予定時刻を超えて議論を続けた場合には、会議終了後の仕事に差し支えたり、予

定していた交通機関の利用時刻に間に合わない可能性もあります。会議の進め方への不満が噴き出すことも考えられます。

　予定している時間内に終わりそうもないと判断した場合には、終了時刻の変更が可能かどうかを参加者に質問し、全員が了承した場合には終了時刻を変更します。参加者の了承を得ずに終了時刻を遅らせることはいけません。終了時刻の変更が可能な場合には、今までの議論を整理し、状況によってはいったん休憩をとるなどします。アイスブレイクの時間を取ることも良いでしょう。アイスブレイクは、不安や緊張を和らげ、硬い場を和らげる効果があります。

　終了時刻を変更できない場合でも、今までの議論を一度整理することを忘れてはいけません。議論を整理し、今後の進め方について意見を聞き決定します。議論が途中であっても必ずまとめ、次回の進め方を全員で決めていくことを心がけましょう。

ポイント

進行状況に応じて、時間配分を調整する。

　あらかじめ時間配分を決めていても、質疑応答の時間が長くなったり、物理的な環境の変化などで計画した時間配分を変更しなくてはいけない状況も起こります。

　雰囲気の悪化を最小限に抑えるためには、終了予定時刻までの残された時間で、事前に計画した時間配分を調整します。たとえばこのケースでは、予定議題の優先順位を参加者に確認し、了解を得て議題のいくつかは後日で議論するなどの対応が可能です。事前に時間配分を考えておくことは、**スキル 8：コミュニケーションの準備**（参照 P.113）で学習します。ここでは、コミュニケーションの進行状況に応じて時間配分は調整することができることを押さえておきましょう。

ポイント

問題のある相手への対応を慎重に行う（クレーム対応など）。

　全ての相手に気を配り、円滑な進行を心がけ状況に応じて時間配分を調整できたとしても、コミュニケーション中の雰囲気が良くない方向に変化することもあります。たとえば、次のケースで考えてみましょう。

共感性編

> **ケーススタディ**
>
> 製品を購入されたお客様から電話が入りました。操作方法を説明していたのですが、徐々に感情的になってきました。いくら説明しても感情が収まりません。どのように対処したらよいでしょうか？

　このケースでは、お客様は感情的になっています。そのため、"納得していただけるまで、同じ説明を繰り返す"対応は得策ではありません。もちろん感情に感情で応答することもいけません。感情に感情で対応すると"火に油を注ぐ"ことになってしまう可能性があります。"お客様の話を否定する"、"お客様が冷静になるまで対応しない"なども、良い対応とはいえません。相手が冷静になるまで黙って聞いている、いったん電話を切ることも、事を荒立てることになるでしょう。

　まずは"冷静になってもらうように、丁寧に働きかけ"ます。どの操作がわかりにくかったのかなど、お客様に**スキル6：質問の活用**（参照P.75）を使って質問したり、**スキル7：相手からのメッセージへの対応**（参照 P.95）しながら忍耐強く働きかけます。また、電話から聞こえるお客様の声のトーンや話すスピード、間、メリハリなどの変化に気を配ります。感情の変化は音声に表れます。

　感情への対応は、ビジネスでの「わかる」と「できる」にギャップがあるスキルです。新入社員の方は、どうしてもうまくいかないこともあるかもしれません。そのような場合は、一人で抱えず、あなたの上司や責任者に報告し、判断を仰ぐことも忘れてはいけません。

4.4 確認問題

問題1：あなたは、プロジェクトのリーダーに選ばれました。メンバーは全員新入社員です。最初の会議で最も不適切なものを選択してください。

- a) 新入社員は何もわからないので、目的・目標・進め方を全て説明し、メンバーの意見を聞かずに進める
- b) プロジェクトの目的と目標を説明後、プロジェクトに対する期待や要望、不安などを全員で確認し、良い雰囲気づくりを心がける
- c) 緊張感も漂っていたので、まずはリラックスしてもらう環境を考えた
- d) 少人数のグループを作り、アイスブレイクを行った後、本題に入った

ヒント：「4.1：コミュニケーションの開始時に、心理的環境を向上させる」を参照しましょう（P.47）。

問題2：お客様に説明をする前に「まず説明させていただき、その後ご不明な点を質問いただくという流れで進めてよろしいでしょうか？」と確認しました。この行動は正しいでしょうか？最も適切なものを選択してください。

- a) 正しい：進行方法をお互いに確認すると、円滑に進むので正しい
- b) 誤り：必ず説明の後は質問の順番なので、わざわざ確認する必要はない
- c) 正しい：説明の後に質問を行う流れは、効率的なので正しい
- d) 誤り：進め方は最初に決めるものではないので、確認する必要はない

ヒント：「4.2：コミュニケーションを円滑に進行する」を参照しましょう（P.52）。

問題3：コミュニケーションの開始時に心理的環境を向上させることとして、最も不適切なものを選択してください。

- a) コミュニケーションの目的と目標を確認せずに、本題に入る
- b) 相手にリラックスしてもらい、話しやすい雰囲気を作る
- c) コミュニケーションの目的と目標を確認する
- d) 今回のコミュニケーションの目的と目標に対する期待や要望を確認する

ヒント：「4.1：コミュニケーションの開始時に、心理的環境を向上させる」を参照しましょう（P.47）。

共感性編

先人の言葉
人の心はパラシュートのようなものだ。開かなければ使えない [7]。
アレックス・オズボーン

スキル 5 －表現方法の調整－

　コミュニケーションの主役は、あくまで相手（他者）です。さまざまな考えや価値観などを持った相手にあわせてコミュニケーションを行うため、相手に理解し満足できる表現方法を調整するスキルを学びます。相手が理解しやすい構成で相手にあわせた表現を用い、必要に応じて逸話や比喩を効果的に使用することを学び、共感性のスキルをさらに高めていきましょう。

共感性編

目標

相手が理解しやすい構成で、相手にあわせた表現を使用し、逸話や比喩を効果的に使用することができるようになる。

5.0 事前チェック

普段の生活を振り返ります。学習を進める前に各項目をチェックしてください。

チェック項目	常にできる	ときどきできる	ほとんどできない
1) 相手が理解しやすい話の構成を考えていますか？	3	2	1
2) 回りくどい言い方をしないよう、注意を払っていますか？	3	2	1
3) 話を始める前に、相手が理解しやすい順序を意識していますか？	3	2	1
4) 「たとえば」など、相手に身近な具体例を用いていますか？	3	2	1
5) 相手の理解に応じて表現方法を変えていますか？	3	2	1

　各チェック項目の文章を読み、普段の生活で"常にできる（できている）"場合は 3 に、"ときどきできる（できている）"場合には 2 に、"ほとんどできない（できていない）"場合には1に丸を付けてみましょう。点数が高いほど、普段からあなたが実践している項目です。低い項目については、本スキル解説をしっかり学んで身につけられるようにしていきましょう。

　言葉は生活を作ります。普段の生活で相手に理解しやすい構成で話をしたり、相手にあわせて表現を工夫しているかを確認し、表現方法に対する意識をチェックしましょう。
　チェック項目 1)、2)は、回りくどい言い方をせず、理解しやすい構成を考えながら話しているかどうかを確認しています。
　チェック項目 3)は、話の順序を意識しているかどうかを確認しています。話の順序は、相手の理解度につながります。
　チェック項目 4)は、普段の会話で具体例を使用しているかどうかを確認しています。
　チェック項目 5)は、自分の話した内容に固執せず、相手の理解に応じて表現方法を変えているかどうかを確認しています。

　業種や職種にとらわれない表現方法を調整できるスキルを獲得するには、普段の継続した努力が必要です。

4.4 確認問題　解答　問題1 a)　問題2 a)　問題3 a)

共感性編

5.1 相手が理解しやすい構成で話すことができる

信頼性編の**スキル 2：信頼性の獲得と維持**や**スキル 3：言語・非言語の効果的使用**で、アイコンタクトや声の大きさ、さらには必要に応じたユーモアなどを学習しました。しかし、たとえ大きな声でアイコンタクトをとりながらジェスチャーやユーモアを交えて話をしても、回りくどい話し方は、相手の理解を妨げてしまいます。理解しにくい話の内容では、信頼性はすぐに崩れてしまいます。相手が理解しやすい話し方を心がけましょう。ここでは話の構成と順序を考えます。

ポイント

相手が理解しやすい順序で話す。

　相手が理解しやすい順序には、「序論・本論・結論」という流れがあるのはご存知ですか？
　序論は、**スキル 4：心理的環境の管理**で学んだコミュニケーションの開始時に目的と目標を確認し、コミュニケーションの意義をお互いに共有する部分です。序論は、本題に入る前の雰囲気づくりも担います。場が和み、あなたに興味を持ってもらうと、相手はあなたの伝えたい内容を受け取りやすく、理解しやすくなります。
　本論は、あなたが伝えたい内容の核心です。相手にあわせた表現を工夫し、相手が理解しやすいように、具体的に語りかけ、問いかけます。
　結論は、相手とのコミュニケーションをまとめ、振り返りを行いながら、あなたが伝えたい内容を再度確認し、次へつなぎます。ここで振り返りとは、単に相手とのコミュニケーションの感想（良かった・悪かったなど）を指すのではありません。相手と具体的な内容についてまとめ、合意点や一致点、仮に問題点や課題があればその内容などを、相互に確認します。相手はコミュニケーションの内容を整理できますし、あなたはコミュニケーションを評価することができます。

　「序論・本論・結論」の流れ以外にも、話の構成を考える上で大切な考え方の一つに AIDAS（アイダス）[8]があります。

共感性編

★AIDAS（アイダス）とは

A：Attention（注意）
I：Interest（興味）
D：Desire（欲求）
A：Action（行動）
S：Satisfaction（満足）

相手に①注意(Attention)を喚起し②興味(Interest)を持ってもらうと、もっと話を聞きたい・やってみたい・買ってみたいなど、相手の③欲求(Desire)を引き出すことができます。ここまでが序論・本論・結論の「序論」に該当します。**スキル 4：心理的環境の管理**の「**4.1：コミュニケーションの開始時に、心理的環境を向上させる**（参照 P.47）」で学習した内容です。

次に、相手と相互にやり取りしながら④行動(Action)します。行動とは、語りかける、話しかける、問いかける、投げかけるなどの言語コミュニケーションと、アイキャッチ、ジェスチャーなどの非言語コミュニケーションを指します。**スキル 3：言語・非言語の効果的使用**（参照 P.29）や**スキル4：心理的環境の管理の4.2：コミュニケーションを円滑に進行する**（参照P.52）で学習した内容です。

さらに、あなたの内容を相手に理解してもらい目標を達成でき、その結果、⑤満足(Satisfaction)してもらいます。**スキル 9：コミュニケーションの評価の 9.1：コミュニケーション中に相手の理解度と満足度を確認する**（参照P.129）の学習が該当します。「序論・本論・結論」と並べて表にしましたので、参考にしてください。

AIDAS と「序論・本論・結論」の関係

①	A：Attention（注意）	序論
②	I：Interest（興味）	
③	D：Desire（欲求）	
④	A：Action（行動）	本論
⑤	S：Satisfaction（満足）	結論

ただし、相手が理解しやすい順序で話をするだけで満足してはいけません。あなたの話の内容の中で、重要なポイントが曖昧であったり話の転換が不明確では、相手の理解は進みま

せん。相手が理解しやすいように順序立てて話すだけでなく、次に述べるポイントを考えながら話すことが大切です。

ポイント

重要なポイントや話の転換を明確にして話す。

　コミュニケーションの中で、たとえば、「○○は、とても重要な点です」と述べたり、「改めて申し上げますが、○○は、ここではとても大切な機能です」などと繰り返したり強調することで、相手は"今何が重要なのか"を理解することができます。

　話の構成を明確にできる表現に、「列挙」があります。「第一に（一つ目は）、第二に（二つ目は）、第三に（三つ目は）……」という表現です。複数の伝えたいことを順に述べていきますので、話の構成が相手にわかりやすい表現方法です。同様の表現に「最初に……、次に……」などの表現もあります。

　相手が理解しやすい構成で効果的なのは、表現の最後に「問いかけ」を入れることです。「問いかけ」の大切さは**スキル 4：心理的環境の管理**（参照 P.45）で学習しました。重要なポイントを明確にして話す際にも、「問いかけ」を利用できます。たとえば

「○○はこの装置で、とても大切な機能です」
と終わるのではなく、
「○○はこの装置で、とても大切な機能です。ご確認いただけましたでしょうか？」

など、表現の最後に必ず「問いかけ」を入れます。
　重要なポイントを明確にして話を伝え、さらに重要なポイントについて「問いかけ」を使い、相手の理解度を確認します。

　問いかけを使用すると、相手は言語や非言語メッセージで自分の気持ちをあなたへ投げ返すことができます。仮に疑問や質問がある場合には、相手は「もう一度○○の××について説明してほしいのですが……」などと、あなたに依頼することもできます。「問いかけ」を使い、相手が言語・非言語メッセージを用いて応答できる雰囲気を作りましょう。

　問いかけは、話の転換で使うこともできます。話の転換を明確にすると、相手の理解度は高まります。普段の生活でも、相手に何かを話す際、最後に必ず「問いかけ」を入れて話す訓練をお勧めします。

共感性編

5.2 相手にあわせた表現を工夫する

ここまで、「相手が理解しやすい構成」と「重要なポイントや話の転換の明確化」を学習しましたが、それで十分でしょうか？次のケースで考えてみましょう。

ケーススタディ

> あなたは、相手に、ある場所への道案内を口頭でしていると仮定します。相手はその場所をよく知りません。どのように工夫をしたら相手に伝わるでしょうか？

　大切な点は、あなたと相手の知識や経験は違うということです。積み上げられた経験は一人一人違います。経験が違うからこそ、同じ言葉の持つ意味は一人一人違う可能性があることを認識しましょう。その違いを捉えて表現を工夫せず「きっと知っているはずだ」などの固定観念や画一的な考えで話をすると、うまくいきません。相手の知識や経験を確認する際にも、「問いかけ」を使うことができますので、覚えておきましょう。

ポイント

確認の問いかけを使う。

　道案内をするケースで、目印となる場所や建物を伝えたいと考えたなら、

　「〇〇は、ご存知ですか？」
　「〇〇からの道順を説明したいと思うのですが、〇〇はご存知ですか？」

など、相手の知識や経験を確認します。道案内では、交差点、道の状態（曲がり方、上り下りなど）、建物、コンビニエンスストアなど、目的地までのチェックポイントを理解してもらう必要があります。目的地までのポイントと順序や方向を相手に伝えることができると、相手は道順を理解できます。相手にあわせた表現とは、相手に軸足を置き、相手が今捉えている画像はどのような状況なのかを推し量り、それを確認していく地道な作業です。説明したこと、語ったことが相手に合っていたかどうかを「問いかけ」を使って確認する習慣を身につけましょう。

共感性編

ポイント

相手に身近な具体例を用いる(相手の経験、知識、立場、キャリアなどにあわせる)。

　自分の経験に基づいた表現は、相手にあわせた表現とはいえません。また、ありふれた表現は誰にでも理解できる反面、相手の具体的な要望や目的などにそぐわない場合もあり、相手の理解を促すことにはつながりません。たとえば、「このパソコンは、一般的に安いといわれています」などは、具体的に比較するものがないので曖昧です。パソコンの例でいえば

　　あなた:「お客様の使用目的を満足するパソコンの価格は、今までは〇〇でした。しかし、
　　　　　これは性能がアップし、しかも価格が約〇円下がりました」

など、相手の要望や目的に合った具体例を用います。

　また「とても高い」や「とても小さい」「大変重い」などは、判断の「ものさし」が曖昧です。「ものさし」を使うのであれば、相手がわかる「ものさし」を使います。

　　あなた:「〇〇は、ご存知ですか？」
　　相　手:「はい、知っています」
　　あなた:「〇〇と比較すると、□□は約2倍の容量があります」

　などが一例です。また具体例を使う際には、最初に「具体的には」という言葉を使うと、"これから今までの話の具体的な例を示してもらえるはずだ"など期待感が高まり、話の興味を継続することができます。

　相手の経験や知識、立場、キャリアなどを考慮した相手に身近な具体例は、相手の理解を促すために大変効果的です。ただし、相手の経験や知識等にあわせる具体例を使えるためには、たくさんの引き出しが必要です。引き出しが多い場合は、引き出しの中身、大きさ、深さが必要です。相手の状況を事前に把握できていたとしても、身近な具体例が思いつかないのでは表現を工夫することができません。身近な具体例を用いるためにも、引き出しをたくさん持ち、中身を常により良いものにしていく必要があります。常日頃からさまざまな教養を高めていくこと、それがあなたのコミュニケーションスキルをさらに向上させることにつながります。

共感性編

ポイント

理解度に応じて表現方法を変えたり、繰り返したりする。

　理解度に応じて表現方法を変えるとはどのようなことでしょうか？次のケースで考えてみましょう。

ケーススタディ

> お客様に、あることを説明し始めたとします。しかし、そのお客様はすでに経験済みで、多くをご存知のようでした。どのように対応したらよいでしょうか？

　あなたが話したい内容を相手が知っていたり、経験済みであったりした場合に、あなたが話したいことを継続するのは慎みましょう。

　　あなた：「〇〇について説明したいのですが、いかがでしょうか？」
　　相　手：「〇〇はすでに使っていますが、電気代が高いと感じています」
　　あなた：「そうでしたか。では、△はいかがでしょうか？」
　　相　手：「それも使ったことがあります。△は口に比べると性能の面で
　　　　　　劣っているように感じてますが……」

　このような状況で、あなたはこれ以上の説明を事前に計画した通りに継続することができるでしょうか？相手の理解度に応じて、説明を省略したり、内容に関係する情報を追加で説明したりなど、相手にあわせて表現方法を変える必要があります。

　　あなた：「〇〇について説明したいのですが、いかがでしょうか？」
　　相　手：「〇〇はすでに使っていますが、電気代が高いと感じています」
　　あなた：「すでに〇〇はお使いだったのですね。それで電気代が高いと……」
　　相　手：「そうです。電気代が高いのは、経費的に正直辛いですね。」
　　あなた：「では、〇〇の使い方を変えることで、電気代を減らすことができるのですが、説
　　　　　　明してもよろしいでしょうか？」
　　相　手：「それはよいお話ですね。ぜひ聞かせてください」

　この 2 つの例の違い（波線）に注目しましょう。相手にあわせた表現の工夫は、自分が言いたいことを話すことでありません。相手からの発言から相手の気持ちを汲み取り、表現を工夫

し、対応するスキルです。

　表現方法を変えるのは、相手がすでに知っている場合だけではありません。

　　あなた：「○○については……ということです。いかがでしょうか？」
　　相　手：「う～～～ん、まだよく理解できないのですが……」
　　あなた：「それでは、○○について、△の資料を使いながら補足説明いたします。よろしいでしょうか？」

　このように、相手の理解が十分ではないと感じる場合には、状況に応じて表現を変えたり、補足の資料や追加の資料を提示しながら相手の理解度を高めていきます。相手の理解度を確認しながら相手にあわせた表現を選択するには、事前の準備がとても大切です。この点は、**スキル8：コミュニケーションの準備**（P.113）で学びます。また、コミュニケーション中に相手の理解度を把握することは、**スキル7：相手からのメッセージへの対応**（参照 P.95）や**スキル9：コミュニケーションの評価**（参照 P.127）で学習します。

共感性編

5.3　必要に応じて逸話や比喩を効果的に使用する

相手に身近な例を伝えるときは「具体的には、……」を使いましたが、「たとえば、……」から始まる表現も効果的です。これを比喩（たとえ）といいます。相手に印象づけたいことを何かにたとえることで、話の中身が映像となって伝わります。比喩を使うことで、あなたは話を相手のイメージとして伝えることができ、相手の理解を促すことができます。

逸話は、エピソードともいいます。あなたの今までの経験の中で、相手が知らない事柄を逸話として使用することで、相手からの共感性をさらに高めることができます。

ポイント

重要なポイントを印象づけることを目的として使用する。

○比喩（たとえ）

　　ここで、コミュニケーションをキャッチボールにたとえて説明してみましょう。

　　コミュニケーションはキャッチボールによくたとえられます。キャッチボールは、野球やソフトボールなどの基本です。経験のない人でも、ボールが行ったり来たりするイメージはできそうです。

相手とボールが何度も行ったり来たりすれば、キャッチボールは長く続きます。キャッチボールが上手な人は、多少ボールが逸れても、ボールのスピードが速くなったり遅くなっても受け取ることができます。ボールを返球する際にも、相手が受け取りやすいボールを投げることができます。

　キャッチボールのボールを言語や非言語に置き換えてみます。コミュニケーションは、相手と言語や非言語を何度もやり取りすることです。ボールである言語や非言語を、相手が受け取りやすい表現にして使ったり（**スキル3：言語・非言語の効果的使用**）、必要に応じてコミュニケーションの方法を変えたり（**スキル4：心理的環境の管理**）、相手にあわせた表現を工夫する（本スキル）ことで、コミュニケーションのキャッチボールを長く続けることができます。つまり、コミュニケーションのキャッチボールを上手に行い、続けることができるためのスキルを、私たちは学んでいるのです。

　比喩（たとえ）ができる力を「比喩力」といいます。比喩力を高める訓練の一つに「〇と◎で似ているところはないか」などの"共通点を探す"訓練があります。普段の生活で探してみましょう。重さ、大きさ、形、色、香り、風合い、感触、有名な出来事や人物など、重要ポイントとの共通点を探します。

「〇は、新書本の大きさと同じくらいです」
「〇は、ドーナツのような丸い形をしています」
「〇は、赤ちゃんのほっぺのようにやわらかいです」

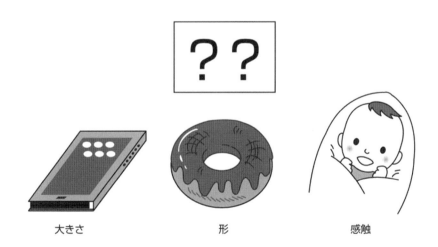

大きさ　　　形　　　感触

　普段の生活の中で、仕事で対象としている事柄との共通点を探してみるのもよいでしょう。気づいたら書き留めていきます。書き留めた事柄を、対象としている事柄と共通点に

共感性編

応用し、相手にわかりやすい表現を工夫することを試してみましょう。入社したての時期では、仕事上で使用する比喩（たとえ）はなかなか考えるのが難しいと思います。先輩などが使っている比喩（たとえ）をぜひ許可を得て真似てみましょう。

　ただし、比喩（たとえ）を使う目的は、あくまで相手の理解度を高めるために使うということを忘れてはいけません。**5.2：相手にあわせた表現を工夫する**(P.66)でも述べたように、「大きい・小さい」「高い・安い」のようなありふれた表現も比較するものがないと、相手は理解できません。また、自分の経験に基づく比喩（たとえ）では、相手をかえって混乱させる一因にもなります。相手がわかる「ものさし」を使うことを心がけましょう。

○逸話（エピソード）
　あまり知られていない興味のある話を逸話（エピソード）といいます。逸話を効果的に使用すると、あなたの話の内容をさらに興味を持って聞くことができます。また、相手からの質問が増えたり、コミュニケーションを深化させる効果が期待できます。

　「○を導入したあるお客様では、1ヵ月で○○のコストダウンができたとの報告があります」
　「○○については、専門家グループのウェブサイトで、別紙のような資料が発表されました」

　逸話を適切に使用することは大変効果的です。しかし、誇張したり、嘘を言ったり、想像で話をしたりしてはいけません。注意しましょう。

5.4 確認問題

問題1：相手が専門外の内容を伝える必要が出てきました。理解を促すには、どれが最適でしょうか。

    a)   資料などを使わず口頭で説明する
    b)   相手をリラックスさせる
    c)   身近な事例などを使って伝える
    d)   伝えたい領域の知識で、ミニテストを受けてもらう

ヒント：「5.2：相手にあわせた表現を工夫する」を参照しましょう(P.66)。

問題2：お客様に説明する際、重要ポイントを効果的に伝える方法はどれですか。全て選択してください。

    a)   丁寧な言葉づかいで話す
    b)   非言語を多用して話す
    c)   お客様に身近な具体例を用いる
    d)   重要ポイントに関連した比喩を使う

ヒント：「5.2：相手にあわせた表現を工夫する」を参照しましょう(P.66)。

問題3：使用した比喩（たとえ）がお客様に理解されないようです。原因はどれでしょうか。全て選択してください。

    a)   お客様の理解力が不足しているから
    b)   お客様の知識や経験とずれているたとえだから
    c)   目的と異なるたとえを使ったから
    d)   たとえと伝えたい内容に共通点がないから

ヒント：「5.3：必要に応じて逸話や比喩を効果的に使用する」を参照しましょう(P.70)。

共感性編

共感性編

先人の言葉
己の実力が不充分であることを知ることが、己の実力を充実させる(9)。
アウグスティヌス

スキル 6 －質問の活用－

　相手からの共感を得るには、心理的環境を管理できること、表現方法を調整できることに加え、質問を効果的に使用できるスキルが必要です。質問の目的や、種類、方法を使い分けることができると、相手とのやり取りはさらにスムーズになり、話の内容を深めていくことができます。

　質問をタイミングよく投げかけることができれば、相手の理解度や満足度の確認にもつながります。ここでは、一方的な説明ではなく、相手に質問を投げかけ、質問に対する回答を尊重して柔軟な対応ができるスキルを学びます。

　質問を効果的に使用できるスキルは、**スキル 5：表現方法の調整**や**スキル 7：相手からのメッセージへの対応**とともに、共感性を得るために大切なスキルです。また、理論性編の**スキル 9：コミュニケーションの評価**とも密接に結びついています。

共感性編

目標

質問の目的、種類、方法を使い分ける、適切に質問を投げかける、必要に応じて質問内容を繰り返し、言い換えることができるようになる。

6.0 事前チェック

普段の生活を振り返ります。学習を進める前に各項目をチェックしてください。

チェック項目	常にできる	ときどきできる	ほとんどできない
1) 話すことのきっかけに、質問を使っていませんか？	3	2	1
2) 自分の興味で相手に質問を使っていませんか？	3	2	1
3) クローズド質問とオープン質問の違いを理解し、使い分けていますか？	3	2	1
4) 相手の話を受け取ってから質問していますか？	3	2	1
5) 質問への回答に対し、肯定的に受け止めていますか？	3	2	1

共感性編

　各チェック項目の文章を読み、普段の生活で"常にできる（できている）"場合は 3 に、"ときどきできる（できている）"場合には 2 に、"ほとんどできない（できていない）"場合には1に丸を付けてみましょう。点数が高いほど、普段からあなたが実践している項目です。低い項目については、本スキル解説をしっかり学んで身につけられるようにしていきましょう。

　チェック項目 1)は、質問の本来の目的は相手の理解度を高めたり、気づきを促したりすることですが、自分の話のきっかけづくりに質問を使っていないかどうかを確認しています。
　チェック項目 2)は、自分の興味で相手に質問を投げかけていないかどうかを確認しています。
　チェック項目 3)は、クローズド質問とオープン質問の使い分けができているかどうかを確認しています。
　チェック項目 4)は、相手の話を遮らずに質問を投げかけているかどうかを確認しています。
　チェック項目 5)は、相手の質問への回答に対し、肯定的に受け止めているかどうかを確認しています。

　質問を効果的に使用できる力＝「問いかけ力」は、仕事上のコミュニケーションのみならず普段の生活でも大変重要なスキルです。順序立てて説明し、相手にあわせた表現を工夫しても、質問を投げかけることができなければ、理解度を確認したり、相手に気づきを促したりすることはできません。**スキル 5：表現方法の調整**(P.66)で「問いかけ」の重要性について説明しましたが、さらに深く質問の活用について学習します。

5.4 確認問題　　解答　　問題1 c)　　問題2 c), d)　　問題3 b), c), d)

6.1　質問の目的、種類、方法を使い分ける

質問には目的があります。質問の目的や種類、方法を学ぶ前に、まず質問で最も良くない使い方を説明します。

ポイント

自分が話したいことのきっかけづくりに質問を使ってはいけない。

　きっかけづくりは、**スキル 4：心理的環境の管理**で学習しました（参照 P.45）。相手が気持ちよくコミュニケーションに参加するために大切なスキルがきっかけづくりでした。しかし、自分が何かについて相手に伝えたいとき、自分の話のきっかけづくりに質問を使ってはいけません。なぜよくないのか、普段の生活の中の場面で考えてみましょう。たとえば、あなたが休日に映画を観て、映画の感想を友人に話したいとします。

良くない例 1

　　　あなた：「ねえ、この間の休日は、どこかに行ったの？」
　　　相　手：「ええとね、この……」
　　　と話が終わらないうちに、
　　　あなた：「私ね、映画を観たの。とてもすてきだったのよ……」

　相手の応答が終わらないうちに、相手の話を遮るように話をしているシーンです。相手は、あなたから質問を投げかけられました。投げかけられた相手は、あなたからの質問に答えるために休日のできごとを思い出し、話を始めようとしています。しかし、あなたは相手の応答を最後まで聞かないうちに、相手の言葉を遮り自分の話を始めてしまいました。このような状況で、相手はどのような気持ちになるでしょうか？あなたに対してどのような感情を抱いたでしょうか？相手の気持ちを考えてみましょう。

　上の例では、相手に話したい気持ちが先行しています。相手の返答を途中で遮り、映画を観た経験を話しています。質問を投げかけたら、質問への返答を最後まで聞くことが大切です。
　では、相手の返答を全て受け取ったなら、それで問題ないのでしょうか？たとえば、

良くない例2

> あなた：「ねえ、この間の休日は、どこかに行ったの？」
> 相　手：「ええとね、ずうっと家にいたよ」
> あなた：「そうなんだ。私ね、映画を観たの。とてもすてきだったのよ。俳優の□□がね……」

いかがですか？相手はあなたからの質問に返答しました。相手は家にいたそうです。「そうなんだ」と受け取ったところまではコミュニケーションのキャッチボールをしています。しかしその後が問題です。あなたは、相手が家にいたという返答に対して、さらに質問を投げかけるのではなく、結局、自分の話したい（＝映画を観た）ことを話しています。相手はあなたからの質問に対して、ずっと家にいたと返答したにもかかわらず、あなたは自分の話したいことを話してしまいました。相手に休日どう過ごしていたのかという質問はなぜしたのでしょう？相手も「なぜ私に質問したの？」という気持ちがわき起こってはいないでしょうか？

2つの例はいずれも、あなたが話したいことを話すためのきっかけづくりに相手に質問を投げかけている良くない例です。質問への回答を途中で遮り、あなたが話したいことを話す、質問への回答を受け取ってはいるが、相手の回答に対して応答せず、結局、話したいことを話すことなどは、相手の心理的な状況を著しく低下させます。自分が話したいことのきっかけに質問を使うことは慎みましょう。特に、話すのが大好きな人や話をするのが得意な人が陥りやすいともいえます。質問力は、コミュニケーションへの参加を相手に促したり、相手の理解度を高めたりなどに使います。自分が話すきっかけに質問を使うことは避けましょう。

さて、本題に入ります。

ポイント

目的を明確にする(参加を促す、気づきを促す、理解度を確認するなど)。

質問には目的があります。目的を逸脱した使用は、相手の信頼を失う原因にもなります。具体的な質問の目的と活用について、学習していきましょう。

○コミュニケーションへの参加を促す
スキル4：心理的環境の管理で学習した中で、コミュニケーションの開始時に「**ポイント** 相手にリラックスしてもらい、参加や貢献を促す雰囲気を作る」がありました（参照 P.47）。質問の目的の一つは、相手のコミュニケーションへの参加を促すことです。たとえば、

「昨日は暑かったですね。私は少し寝不足ぎみですが、○○さんはいかがですか？」

自分の状況を伝える際の終わりに、相手に「いかがでしょうか？」と投げかけることが大切です。相手に気持ち良くあなたの話に耳を傾けてもらうことができるフレーズの一つが、

　「いかがでしょうか？」「いかがですか？」

です。話の終わりに「いかがですか？」を付け加えるだけで、柔らかい表現になります。キャッチボールで言えば、相手が受け取りやすいボールともいえます。たとえば、ある事柄を説明する際、説明だけで終わるのではなく、説明の最後に「いかがでしょうか？」と問いかけながら**スキル3：言語・非言語の効果的使用**で学習したアイコンタクトなどを用います。相手が"言葉の返球"をしやすい雰囲気を作る効果があります。柔らかな問いかけは、よい雰囲気を作ります。

○知識を確認するための質問、疑問を解決するための質問
　小学生や中学生の頃、先生から次のような質問を投げかけられた経験はありますか？

　「この問題について、わかる人？」
　「○について、知っていることを言える人……、○さんどうですか？」

または、授業が終わった後などに、先生に質問した経験はありませんか？

　「先生、○○についてよくわからないので、教えてください」

　私たちは、小さい頃からの学びの中で、学習した知識を確認するための質問をたくさん受け取ったり投げかけたりしてきました。
　上の例と同じような質問は、仕事上のコミュニケーションでも頻繁に使われています。たとえば、次の質問があります。

　「～について、ご存知でしょうか？」
　「～についてはご存知ですか」

　知識を確認するための質問、疑問を解決するための質問は、質問の原点といえるのかもしれません。しかし、知識を確認するための質問、疑問を解決するための質問だけが質問の目的と捉えると、質問のスキルは向上しません。知識を確認したり、疑問を解決する以外に、質問はどのような目的で使うのでしょうか？

共感性編

○相手の理解度を確認する

　話の区切りに「ここまでで、何か質問はございませんか？」という問いかけは、たびたび使われます。今話した内容を理解できたかどうかを確認するために、質問を使うことができます。

　しかし、「何か質問はありますか」と聞かれて、何を聞いてよいのかがわからないと感じた経験はありませんか？相手の理解度を確認するために、漠然とした「ここまでで、何か質問はありませんか？」と問いかけても、相手から返ってくることは少ないかもしれません。

　理解度を確認するために質問を使う際には、問いかけの前に、あなたが今まで伝えてきたことの"何を確認したいのか"を具体的に相手に分かるようにします。たとえば、
「ここまでで、何か質問はございませんか？」の"ここまで"は、どこを指しているのでしょうか。曖昧な問いかけでは、相手は何を答えてよいのかもわかりません。また、質問がある場合でもどう質問してよいか不明です。たとえば新商品について説明した後の質問を考えてみましょう。

　「この製品の最も優れた改善点は、○○です。この点についてご理解いただけましたでしょうか？」

と問いかけたとします。「この点について」のこの点＝最も優れた改善点を指していますね。相手は「はい」、「よくわかりました」、「○○については理解できましたが、"○○の保守性について"はいかがでしょうか？」などと答えることができそうです。何に焦点をあわせた質問なのかがわかりやすいほど、応答は明確になります。

　相手の理解度を確認するために質問を使用する際には、焦点をあわせた質問（質問の焦点化）を心がけ、相手がわかるよう明確に問いかけましょう。ただし、常に完全な質問を相手にすることは困難です。たとえば、あなたの質問（問いかけ）が曖昧な場合には、質問に対しての相手の回答も曖昧になり、お互いが混乱するかもしれません。このような状況では、もう一度同じ質問を繰り返す、相手にもう一度同じ回答をしてもらうなどの対応は適切ではありません。具体的な質問に変えたり、相手の回答を言い換えて、相手の理解度を確認するように心がけましょう。

　また、あなたの質問がたとえ的確だとしても、相手の理解度が不完全な場合は、あなた

の質問に対する相手の回答内容は曖昧になる可能性があります。その結果、あなたは相手の回答内容をよく理解できないことが考えられます。そのような場合にも、相手の回答を言い換えて再度確認するのは、良い方法です。相手は、あなたの言い換えた質問（問いかけ）をきっかけに、なにが曖昧だったのかに気づくことができます。言い換えについては、**スキル 7：相手からのメッセージへの対応**の 7.1：アクティブ・リスニングを行う（参照 P.97）でも説明しています。

〇自問自答や気づきを促す

　コミュニケーションの対象としている事柄について、意義、目的、意見、感情などを整理したり、自問自答を行ったり、気づきを促すために質問を使うことがあります。たとえば、

「今、御社で最も必要とされている機能は何でしょうか（どのようなものがあるとお考えですか）？」
「そのことは、貴社でどのような影響をもたらすでしょうか？」
「今回のご提案を仮に受け入れたとすれば、どのような効果があるとお考えですか？」
「〜について、具体的に改善すべきことは何でしょうか？」

などがあります。

　質問は、誤りを正すものでもなければ、相手を問い正すことでもありません。自問自答や気づきを促す質問を投げかけてくれる人は、新しい視点や多面的視点を与えてくれる人です。信頼関係の上で成立する質問ともいえます。
　自問自答や気づきを促す質問を行うには、**スキル 2：信頼の獲得と維持**や**スキル 4：心理的環境の管理**が前提です。相手からの言語・非言語を確認しながら、相手が今、どこに注目しているのか、何に戸惑っているのか、何を知りたがっているのかなど、コミュニケーションの対象としている事柄に対する相手の焦点はどこにあるのかを確認しながら質問する姿勢が大切です。

　あなたの質問に対する相手から応答は、言語メッセージや非言語メッセージです。相手からのメッセージに対して適切に対応できるスキルが求められます。**スキル 7：相手からのメッセージへの対応**で学ぶ内容は、**スキル 6：質問の活用**で利用すると効果的です。

> **ポイント**

質問の種類を、適切に使い分ける(クローズド質問、オープン質問)。

質問の種類には、2つあります。クローズド質問とオープン質問です。クローズド質問は「閉じた質問」、オープン質問は「開いた質問」ともいいます。

〇クローズド質問
　　クローズド質問は、答えが1つだけの質問や、「はい」「いいえ」で答えらえる質問です。たとえば、あなたの同僚の佐藤さんに対し、仕事のことで尋ねました。

　　あ な た：「それは、佐藤さんが行ったのですか？」
　　佐藤さん：「はい、その通りです」あるいは「いいえ、違います」

　　クローズド質問の答えは、「はい」や「いいえ」ですから、相手が比較的答えやすい質問といえます。クローズド質問は、たとえばあなたの説明の区切りに、参加者全員に投げかけて説明に対する理解度を確認することにも使えます。
　　なお、機微な情報を尋ねる、相手の感情を逆なでする、相手が答えたくないなどのクローズド質問は慎みましょう。また、クローズド質問だけを続けて用いると、まるで尋問のように感じる場合もあります。**確認演習 7：クローズド質問だけを受け取る**を行い、クローズド質問だけを用いた際の雰囲気をぜひ感じ取ってください。

〇オープン質問
　　一方、オープン質問は答えが1つとは限らない質問です。オープン質問は、さまざまな状況で利用できる非常に優れた質問の形式です。しかし、使う際には相手が具体的に考え、回答することができる質問を心がけるようにします。良くない例としては、

　　「〇〇さんは、どう実施した(する)のでしょうか？」

この問いかけの意図を明確に理解できますか？"どう"とは具体的に何でしょうか？実施したことを聞いているのでしょうか？実施したときに留意したことを聞いているのでしょうか？それとも、実施した手順を聞いているのでしょうか？"どう"は相手の受け取り方によって、あなたが期待した答えになるとは限らない大変曖昧な尋ね方です。オープン質問は答えが千差万別です。千差万別であるからこそ、さまざまな意味に捉えられるような曖昧な表現で尋ねるのは避けましょう。

　　オープン質問を使うには、5W1Hを意識します。

共感性編

5W1H

When	いつ・とき
Who	誰・人
Where	どこ・場所
What	何
Why	なぜ
How	どのように、どうする、いくつ、いくら

先ほどの「〇〇さんは、どう実施したのでしょうか？」という質問に関して、5W1H を意識して、オープン質問を考えてみましょう。

いつ（When）

「〇〇さんは、いつそれを実施したのですか？」

他には
「〇〇さん、それは、いつ行われたのですか？」
「〇〇さんが実施時期を決めたのは、いつでしょうか？」など

だれ（Who）

「〇〇さんと一緒に実施したのは、どなたですか？」

他には
「〇〇さん、それはどのような方を対象にして実施したのですか？」
「実施にあたり、〇〇さんは、どなたに呼びかけましたか？」など

どこ（Where）

「それは、どこで実施したのですか？」

他には、
「〇〇さんが作った実施プログラムのデータは、どこに保存されていますか？」
「計画時に、候補として挙がった開催場所はどこでしょうか？」など

共感性編

何（What）

「今回の目的は、何でしょうか？」

他には
「何が、今回の成功に結び付いたと考えていますか？」
「実施する際に、特に留意した点は何でしょうか？」など

なぜ（Why）

「それを実施した理由を教えてください。」

他には、
「どうして、それがうまくいったとお考えでしょうか？」
「なぜ、その案を採用したのですか？」など

共感性編

　など、たくさん考えられますね。特に振り返りや自問自答を促す際には、"何（What）"と"なぜ（Why）"が効果的です。ただし、なぜ（Why）は理由を聞いているので、答えるのが難しい質問になりがちです。
　さらに、なぜ（Why）に否定的感情を加えて質問すると、相手の気分を害したり、相手を問い詰める雰囲気になります。たとえば、

　「なぜ、そんな時期に実施したのですか？」

　この問いかけは、"そんな時期に実施したことは良くない"と言われているようです。相手が受け取った気持ちも含めて質問の表現を考えていきましょう。"なぜ"の質問を柔らかい質問へ改善するステップを例示します。

　　STEP1：「なぜ、そんな時期に実施したのですか？」
　　　↓
　　STEP2：「その時期に実施した理由を教えてください」
　　　↓
　　STEP3：「その時期に実施した理由には、どのようなものがありますか？」
　　　　　　「その時期に実施した理由で、決定的なことは何だったのでしょうか？」
　　※STEP2とSTEP3は、相手との具体的やり取りで選択可能です。

　受け取り方は、相手の答えに影響します。特に自問自答や気づきを促す質問を投げかける場合には、その質問を受け取ったら相手はどのように感じ取る可能性があるのかを

事前に考えてから質問するとよいでしょう。

〇選択肢のある質問
　　クローズド質問やオープン質問以外に、選択肢のある質問があります。どちら(Which)を使った質問と考えることもできます。

　例）
　　　「〇と△、どちらがお好みですか？」
　　　「A,B,C とすれば、どれを選びますか？」
　　　「現在の検討結果を総合すると、AとBのどちらが優れているとお考えですか？」

　　5W1H を基本に、時間軸や仮定法を組み入れた質問もあります。たとえば、仮定法（もし〜としたら）を使う質問には次のような例があります。

　例）
　　　「お客様の立場で、その内容を受け取ったと仮定すれば、どのように感じるでしょうか？」
　　　「新製品を開発するとしたら、どのような方向が良いと思いますか？」
　　　「もしこれを中止しなかったら、現在どうなっていたとお考えですか？」
　　　「仮に 5 年後に選ぶとしたら、何を選択するでしょうか？」

　　このように質問の種類はたくさんあります。1 つの種類だけを連続して使用するのではなく、相手の状況に応じてさまざまな質問を使っていきましょう。普段の生活の中で、あなたがどのような種類の質問を使う傾向があるのかを把握し、普段使い慣れていない質問の種類を使う努力をすると、質問の幅がさらに広がります。

ポイント

質問の方法を、適切に使い分ける（全体質問、指名質問、修辞的質問、反対質問など）。

　　質問の方法には、主に次の方法があります。状況によって使い分けたり組み合わせたりして、効果的に質問しましょう。

〇全体質問
　　多くの参加者から手が挙がったり、発言が出るような質問を心がけます。全体質問は、参加者意識を高める効果があります。

共感性編

例）
　　「〇について、皆さんのご意見はいかがでしょうか？」
　　「次回の会議は×月×日でよろしいですか？」

〇指名質問
　特定の人を指名する質問です。指名質問をするときは、全体質問で参加者全員に問いかけ、その後で指名質問を使います。指名質問の前に全体質問を使うと、指名された人以外の全員がその質問について考える効果があります。指名質問は、参加者の名前で指名するよう心がけます。ただし、不特定多数が参加する研修会などでは、名前で指名することが好ましくない場合もあります。その際は、たとえば「右最前列から2番目の方」などと投げかけましょう。さらに、いつも同じ人ばかりに指名質問をするのはよくありません。注意しましょう。

〇修辞的質問
　質問を投げかけた後、質問者自身が回答する方法です。参加者に自問自答を促し考える時間を与えたいときや、参加者に興味持ってもらいたいときに使うと効果的です。

例）
　　「皆さんは、〇〇について考えたことがあるでしょうか？……」
　　「〇〇は、××の中でも最も大切な一つです。これから〇〇について皆さんと一緒に考えていきたいと思います。よろしいでしょうか？……」

〇反対質問
　相手からの質問に対し、あなたが質問で応答する方法です。質問を受け取ったら、その質問に回答するのが一般的ですが、質問に質問で応答するので「反対質問」といいます。"反対"という言葉には、相手の意見などに対し逆らったり賛成しない意味がありますが、この方法は、相手の質問を否定せず受け止め、回答せずに質問で返します。反対質問は、相手に自問自答や再考を促したり、積極的な参加を促す効果があります。

例）
　　相　手：「次回の打ち合わせは、いつ頃になりますか？」
　　あなた：「Aさんは、いつ頃がよろしいと思いますか？」

〇リレー式質問
　2つの方法があります。1つ目は、座席の順番などに従って回答を促す方法です。

例）
  あなた：「それでは、〇について左の席から順にコメントなどをお願いできますか？」

　ただし、何度も同じ順番で質問すると、回ってくるタイミングに気を取られてしまうことがあるので、順番を変えるなどの工夫をします。

　2つ目は、相手からの質問を受け取り、質問をした相手とは異なる相手に質問を投げる方法です。

例）
  Aさん：「〇については、X案が良いと考えます。それは……。」
  あなた：「今ほどAさんは、……とおっしゃいましたが、Bさんのご意見はいかがですか？」

　質問を適切に投げかけるには、言語・非言語メッセージを効果的に使用できることが前提です。その上で、相手の言語・非言語メッセージを受け取り、時と場所を考えながら、理解度と満足度を高めることができるように使います。相手とのやり取りを円滑に進め、コミュニケーションの質を高めたり深さを増したりできるように効果的な使い方をしましょう。

共感性編

6.2 適切に質問を投げかける

質問を投げかける際には、次の4つのポイントに留意します。

ポイント

内容に関連した質問をする。

　相手とやり取りをしている内容に焦点をあわせて質問します。あなたの興味で質問することはいけません。内容に関連した質問をすると、相手の興味を増したり、理解度を深めたり、満足度を高めることにつながります。

> 例）
> 　（参加者の一人が意見を述べた後で）
> 　あなた：「××について、もう少し詳しく教えていただけますか？」

良くない例

> 　（次の会議日程を話し合っているときに）
> 　あなた：「次回の議事進行役は誰でしょうか？」

　コミュニケーション中に内容に関連していない質問をすると、その場の心理的環境の低下を招きます。参加者の信頼を低下させる原因にもなります。ただし**スキル 4：心理的環境の管理**のコミュニケーションの開始時では（参照 P.47）、相手にリラックスしてもらい雰囲気を作ることも質問の目的ですので、全ての質問が必ず内容に関連していなければならないとはいえません。

ポイント

わかりやすく、回答しやすい質問をする。

　相手がわかりやすく回答しやすい質問をすることは大切です。質問の内容は、わかりやすい言葉で簡潔に伝えます。質問の前に相手が受け取りやすく理解しやすい表現で内容を伝え、その後、わかりやすく回答しやすい質問をすると、さらに効果的です。

> ポイント

回答するのに十分な時間をとる。

　答える時間を十分にとることです。"間（ま）"は、考えたりまとめたり整理するために大切な時間です。話をする際の"間"については、**スキル 3：言語・非言語の効果的使用**で学習しました（参照 P.33）。質問でも"間"はとても大切です。表現する際の間と質問を受ける時の間、普段の生活でもこの両方の"間"を意識してみましょう。特に話すのが得意な人は、相手の言語・非言語を受け取る時間を長くし、話をせずに待つこと＝我慢する"間"を取りましょう。"間"の取り方は、コミュニケーションスキルの中でも、重要なスキルの一つです。"間"を適切に取ることができるようになると、相手との心理的環境は向上し、相手の気づきを促すことにつながります。

> ポイント

相手を攻撃するような質問をしない。

　相手を攻撃するような質問をしてはいけません。相手が返答に窮する質問は避けます。たとえばミスをしてしまった後に、先輩から

「なんで、そんな失敗をしてしまったんだ？」

と投げかけられたとしたら、あなたは何と答えますか？理由を詳しく説明しても先輩から許してもらえそうにない雰囲気です。あなたは謝るか、ただ黙ってうつむくことしかできないかもしれませんね。
　同じ状況で、先輩から

「今回失敗した理由は、何だと思う？」

と質問されたらいかがですか？感情を含めずに質問していますので、回答へのハードルはぐっと下がります。

　また、特定の人にだけ集中しないように質問します。一人に集中するのは攻撃的と受け取られかねません。

共感性編

6.3 相手の回答を尊重して柔軟な対応をする

相手を尊重する姿勢が大切です。相手からの回答が不適切であると感じた回答、誤った回答、的外れな回答や独自の主張を繰り返すなどでも、否定せず受け取り柔軟な対応を心がけます。
相手の回答を尊重した柔軟な対応は、**スキル 7:相手からのメッセージへの対応**とも密接に関連するスキルです。

> ポイント

相手の回答に対する自分の理解を確認する。

　コミュニケーションは、相手と自分との理解度の差を埋める行為ともいえます。お互いに理解度を高め、わかり合うためには、不確かな部分や曖昧な部分を確認し合うことが大切です。お互いの理解の確認をせずにコミュニケーションを続けると、相互のずれが大きくなりミスにもつながります。理解を確認するには、相手の伝えたことの要点をまとめ（参照 P.99）、相手に質問を投げかけるとよいでしょう。

　　例（相手からの回答を受け取った後で）
　　　あなた：「A さんの〇〇についてのご意見には、まったく同感です。なぜなら……。
　　　　　　　いかがでしょうか？」
　　　あなた：「〇〇については、××と理解しましたが、合っているでしょうか？」

> **ポイント**

必要に応じて、適切な回答を得るための質問を工夫する。

　あなたの質問に対し、相手が質問の内容を理解できていない場合には、適切な回答を得ることができない可能性があります。質問の内容が理解できていないからといって、同じ質問を繰り返すのは正しい対応ではありません。では、どのようにすればよいでしょうか？

1. 別な表現に変えて、質問を投げかける。
2. 言い換えや具体例などを使って説明をし、理解度を確認する質問を投げかける。

などの工夫が挙げられます。

　相手からの適切な回答がなかったからといって、相手の回答を否定するような応答をしてはいけません。また、あなたの質問に対して質問で返ってくることもあります。その場合でも、丁寧に発言を受け取って対応しましょう。

6.4 確認問題

問題1：取引先が原因で製品を作ることができません。取引先への質問で<u>不適切なものを全て</u>選択してください。

    a)   誰がこの責任を取るのですか、教えていただけませんか？
    b)   誰が悪いのですか？
    c)   売り上げの補償はしていただけますよね？
    d)   現在把握しているトラブルの原因について、教えていただけませんか？

ヒント：「**6.2：適切に質問を投げかける**」を参照しましょう（P.88）。

問題2：参加者全体の理解を確認する際、<u>最も適切な質問</u>を選択してください。

    a)   参加者の何人かを指名して、オープン質問をする
    b)   参加者の何人かを指名して、クローズド質問をする
    c)   参加者全員に対して、オープン質問をする
    d)   参加者全員に対して、クローズド質問をする

ヒント：「**6.1：質問の目的、種類、方法を使い分ける**」を参照しましょう（P.77）。中でも特に「相手の理解度を確認する」、「クローズド質問」、「オープン質問」は、参考になります。

問題3：相手に質問を投げかけた後には配慮が必要です。<u>最も適切な配慮</u>を選択してください。

    a)   資料に目を移す
    b)   笑顔で相手の顔を見る
    c)   十分な間（時間）をとる
    d)   腕組みをして回答を待つ

ヒント：「**6.2：適切に質問を投げかける**」を参照しましょう（P.88）。

共感性編

先人の言葉
人の数だけ異見がある (10)。
ププリウス・テレンチ

スキル 7 －相手からのメッセージへの対応

相手に丁寧にあなたの話を"きいて"もらっていると、「とても話しやすい」と感じた経験はありませんか？その雰囲気のとき、"きいて"に使う最も適切な漢字は何でしょうか？

聞く(hear)：門構えの中に耳がある"聞く"は、相手の話が自然に耳に届いている様子で、受動的意味合いがあります。

聴く(listen)："聴く"は、相手に興味を持ち、耳と十四の心を使って相手の話を理解しようとする積極的（アクティブに）姿勢の意味が込められています。相手のメッセージを受動的に聞くのではなく、積極的に聴く姿勢は「あなたの話に興味があります」、「あなたの話をもっと聴きたいです」などの心の表れです。相手からのメッセージに対応できるスキルの土台、それが「アクティブ・リスニング（積極的傾聴）」です。

アクティブ・リスニングは、共感を生みます。共感は、相手の理解度と満足度を高めることにつながります。ここでは、まず「アクティブ・リスニングを行う」を学習します。相手からの言語メッセージを受け取り応答できるスキルです。次に、相手からの質問が投げかけられた際の「質問に的確に回答する」スキルを学びます。相手からのメッセージは言語ばかりではありません。そこで最後のスキルとして、「非言語メッセージに対応する」ことも学びます。

共感性編を構成する4つのスキルの中で、**スキル7：相手からのメッセージへの対応は大変重要です**。対応の仕方を誤ると、共感を得ることができないばかりか、信頼性も失いかねません。相手からのメッセージへ適切に対応できるように学習していきましょう。

目標

コミュニケーション中は、常にアクティブ・リスニング（積極的傾聴）を行い、質問に的確に回答するだけでなく、非言語メッセージにも対応することができようになる。

共感性編

7.0 事前チェック

普段の生活を振り返り、学習を進める前に各項目をチェックしてください。

	チェック項目	常にできる	ときどきできる	ほとんどできない
1)	相手の話をうなずきながら聴いていますか？	3	2	1
2)	相手が話している間は、相手の話に割り込まないようにしていますか？	3	2	1
3)	相手の表情やしぐさに注意を払っていますか？	3	2	1
4)	会話の中で、要点をまとめたり言い換えを使っていますか？	3	2	1
5)	相手からの質問には、的確に回答している	3	2	1

　各チェック項目の文章を読み、普段の生活で"常にできる（できている）"場合は 3 に、"ときどきできる（できている）"場合には 2 に、"ほとんどできない（できていない）"場合には1に丸を付けてみましょう。点数が高いほど、普段からあなたが実践している項目です。低い項目については、本スキル解説をしっかり学んで身につけられるようにしていきましょう。

　ここでは、普段からアクティブ・リスニングを使っているかどうかを確認しています。

　チェック項目 1)は、普段の会話で相づちやうなずきを使っているかどうかを確認しています。
　チェック項目 2)は、相手の話を最後まで聴いてから応答しているかを確認しています。
　チェック項目 3)は、相手の表情やしぐさに注意を払っているかを確認しています。
　チェック項目 4)は、相手の話をオウム返しで対応するのではなく、要点をまとめたり、言い換えを使っているかを確認しています。
　チェック項目 5)は、相手の質問を避けて答えるのではなく、的確に回答しているかを確認しています。

　これらの事前チェックで、相手が異なると「できる」ことが「できない」に変わるものはありませんか？もし、そうだとすると、そのチェック項目は「できるつもり」のことかもしれません。

6.4 確認問題　　解答　　問題1 a), b), c)　　問題2 d)　　問題3 c)

7.1 アクティブ・リスニングを行う

アクティブ・リスニング（積極的傾聴）は、まず「相手への興味」と「相手の観察」が前提です。相手の話に興味を持った接し方は、軸足が相手にあります。反対に、たとえば"この話つまらないな……"と感じながら聞いていると、相手の話は聞こえないばかりか、相手のしぐさの変化も見逃してしまいます。どのような相手でも、興味を持って聴く姿勢を貫きましょう。

ポイント

相手の発言を聴いていることを示す（アイコンタクト、うなずき、メモなど）。

相手の話を聴いていることを示すシグナルに、アイコンタクト、うなずき、メモなどがあります。

○アイコンタクト

相手が発言しているときは相手の話を聴いていることを相手にわかってもらうために、アイコンタクトやうなずきなどを使います。「目は口ほどに物を言う」ということわざがあります。感情が最も表に出るのが目、何も話さなくても聴いているだけで感情がわかるという意味です。

アクティブ・リスニングは、アイコンタクトから始まるといっても過言ではありません。具体的なアイコンタクトの仕方は、**スキル 3：言語・非言語の効果的使用**の**3.2：アイコンタクト、ジェスチャー、動きなどを効果的に使用する**（P.35）を参照してください。

○うなずき

うなずきは、話の合間に行います。相手のペースについていく態度でうなずきましょう。相手のペースにあわせるので、常に同じリズムにはなりません。わざとらしくない自然なうなずきを心がけます。ただし、相手がうなずいたからといって、それをあなたの話の合意や同意と常に受け取るのは危険です。相手のうなずきには、あなたの伝えたいことを正確に受け取っている場合と、受け入れているとは限らない場合の両方の意味があることに注意しましょう。うなずき以外のメッセージが少ない場合は、適宜相手に質問をするなどして相手の理解度を確認しましょう。質問については、**スキル 6：質問の活用**（P.75）を参照してください。

○メモ

　相手の話を、メモを取りながら聴くことも「聞いているシグナル」の一つです。ただし、ノートやメモ帳などに常に視線を落としながら聞いては、目を相手に向けることができません。アイコンタクトが極端に少なくなると、信頼性と共感性の低下を招きます。メモを取ることに集中すると、あなたの心は相手に向いていません。その結果、「活発に発言していた人が、途中から積極的に意見を言わなくなる」なども招く可能性があります。

　キーワードや疑問に思った用語などを簡潔に書き取り、意識を常に相手に置く、相手の目を見てうなずきながら聴くなど、メモの取り方にも注意を払いましょう。

○相づち

　相手の話の合間に、短い言葉をはさむことを「相づち」といいます。相手の話を聴いている、理解しようとしていることを伝えることができます。ただし、多すぎるのは禁物です。適度な相づちを心がけましょう。

例）
「ええ」、「はい」、「なるほど」、「うん」

　相づちの中で、「うん」はビジネス社会には向きません。また「なるほど」は、年上の方や目上の方に使うと違和感を覚える方もいらっしゃいますので配慮しましょう。もし目上の方に「なるほど」と言ってしまったら、「なるほど、おっしゃる通りです」など、なるほどの後に丁寧な言葉を付け加えましょう。普段の会話をイメージして、上の例以外にどんな相づちがあるか、考えてみましょう。さらに、相手の印象が良くない相づちには、どんなものがあるかも考えてみましょう。

○励まし

　相手の話の合間に、短い感想や励ましの言葉をはさむことです。独りよがりにならないように注意します。

例）
　「素晴らしいですね」、「面白いですね」
　「それでどうなったのですか？」、「もう少し詳しく話してください」

　"励まし"だけを繰り返し使っていると、相手は違和感を覚えることがあります。ここで述べたさまざまな方法を臨機応援に使えるように、普段から心がけていきましょう。

共感性編

ポイント

相手の発言を言い換え、理解を示す（繰り返し、言い換え、要点をまとめる）。

　あなたが相手の話を理解していることを示したり、確認するために使います。相手の発言を繰り返す、言い換える、要点をまとめるなどがあります。**スキル 6：質問の活用**の ポイント 相手の回答に対する自分の理解を確認する（参照 P.90）ともつながります。

○繰り返し
　　相手の話した言葉を、そのままの言葉で返します。返す言葉は、相手のキーワードであることがポイントです。決して"オウム返し"にならないように注意しましょう。

　例）
　　　相手：「今朝は電車の中で眠ってしまい、気がついたら次の駅で、びっくりしたよ」
　　　あなた：×「今朝は、電車の中で眠ってしまい、気づいたら次の駅だったのですか？」
　　　　　　　○「起きたら、次の駅だったのですか」、「それは、びっくりしたでしょうね」

○言い換え
　　自分が感じ取ったこと、理解したことを別の短い言葉で返します。相手の話の重要なポイントを理解していることを伝えます。言い換えは、相手が考えを整理できる、具体化する、自分の理解を相手に確認するなどの効果があります。

　例）
　　　相　手：「昨日も先輩に叱られて……先輩と一緒に仕事したくないなあ……」
　　　あなた：「失敗すると、仕事、嫌になりますよね」

　この言い換えで「失敗続きなら、別の部署に異動願いを出したらどう？」は、言い換えではなく"言い過ぎ"になります。注意しましょう。また「先輩、そんなにひどい人なの？」や「どんなミスをしたの？」なども言い換えではありません。あなたの興味を質問しているにすぎないからです。相手への理解を示すためには、相手の発言を受け止めて相手の立場に立った表現に言い換えることが大切です。

○要点をまとめる
　　相手の話した内容の要点をまとめて、理解を確認します。

共感性編

例）
　　「今のお話の中で、ポイントは〇〇でしょうか？」
　　「～と理解しましたが、いかがでしょうか？」
　　「～と認識したのですが、合っていますか（ずれているでしょうか）？」

　要点をまとめるは、**スキル 5：表現方法の調整の 5.2：相手にあわせた表現を工夫する**（P.66）で使うこともできます。また、**スキル6：質問の活用の 6.3：相手の回答を尊重して柔軟な対応をする**（P.90）にも活用できます。

ポイント
相手の発言の核となる部分を捉え、不明な部分は質問する。

　発言は、感情と意見、そして事実の 3 要素で構成されます。

　　　　発言内容＝事実＋感情＋意見（順序は不定）

たとえば、
「昨日、取引先近くのレストランで食事をしたのですが、とても美味しいレストランでした。お薦めです」

　事実　　　　　　　感情　　　　　　　意見

　発言は、「昨日（When）、取引先近くのレストランで（Where）食事をした（What）」＝事実、「とても美味しい」＝感情、「お薦め」＝意見に分けることができます。事実は、5W1H の部分です。この例には、3 要素全てが含まれていることがわかりますね。相手の発言内容に、事実、感情、意見の何が含まれているのかを判断しながら聴くことを心がけます。3 つの要素への焦点のあわせ方で、さまざまな応答が考えられます。たとえば

　　「昨日、取引先近くのレストランで食事をしたのですが、とても美味しいレストランでした。お薦めです」

に対し、"事実"に焦点をあわせて応答した場合
　　「昨日、あのレストランに行ったのですか？」（レストランを知っていた場合）
　　「A 企業（取引先）の近くにレストランがあったのですね？」（レストランを知らなかった場合）

共感性編

「何時頃、食事をしたのですか？」
　　「取引先の方とご一緒だったのですか？それともお一人で？」

"感情"に焦点をあわせて応答した場合
　　「あのレストランは、美味しいですよね」（レストランを知っていた場合）
　　「そんなに、美味しかったのですか？」（レストランを知らなかった場合）

"意見"に焦点をあわせて応答した場合
　　「お薦めですか……、どんな点が良かったのですか？」
　　「それは良かったですね、今度、一緒に行きませんか？」

　発言には、事実、感情、意見に加え、声の大きさ、話すスピード、間（ま）、メリハリ、抑揚などが含まれます。相手からの発言を受け取り、事実、感情、意見の何が含まれているのか、声の大きさやメリハリ、抑揚なども踏まえて、相手がどこに重みを置いているのか（＝発言の核）を捉え応答します。たとえば、先の例で「お薦め」が発言の核と判断できたのなら、

　　「Aさん（相手）がお薦めなら、そのお店は本当に美味しい料理を提供するお店なのですね。ぜひ私も行ってみます。もしよろしければ、今度、ご一緒にいかがですか？」

などと応答できます。なお、発言は常に3要素全てが含まれているとは限りません。状況によって感情のみ、事実のみ、意見のみの発言があることは押さえておきましょう。

　"発言の核"を的確に捉えると、先に学習した**スキル2：信頼の獲得と維持の2.3：相手からの信頼を維持するスキル**（参照 P.24）も上がります。相手は、あなたの発言を踏まえて感情を表したり、意見を述べたり、非言語メッセージで対応していますので、相手の変化の兆しは"発言の核"に直結します。発言の核を的確に捉え、その変化に気づくことで、信頼の方向を知ることができます。信頼関係の変化の兆しに対応できるようになるためには、まず相手の発言の核を的確に捉えることです。発言内容が、事実と感情そして意見の3要素からできていることを理解し、普段の生活の中でも相手がどこに重みを置いて話をしているのか、相手の発言の核を捉えるスキルを磨きましょう。

共感性編

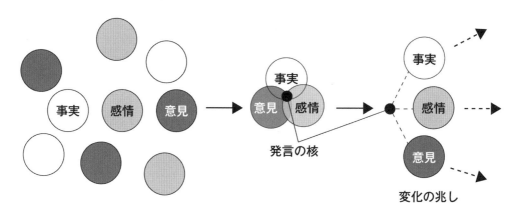

事実・感情・意見のどこに重みを置いているかを捉える

> **ポイント**

相手が感情的になっている場合、内容のみに焦点をあわせてやり取りする。

　感情的になっている場合に感情に焦点をあわせると、"火に油を注ぐ"ことにもなりかねません。たとえば、お客様からクレームがあり、たいへん感情的になっている時に、「もう少し冷静になってください」と話したらどのようになるのかを想像してみましょう。発言の3要素（事実、感情、意見）を使い、相手が感情的になっている場合は、事実や意見のみに焦点をあわせて対応することを心がけましょう。

7.2 質問に的確に回答する

> **ポイント**

質問の内容を確認し、的確な回答をする。

　相手から質問が投げかけられた場合には、質問の内容を確認し、的確な回答をします。質問に回答せず無視することは論外ですが、先入観や主観で相手の質問内容を勝手に判断してはいけません。たとえば、

　　　相手：「昨日取引先でトラブルがありまして、どうしたらよいでしょうか？」

　この質問にあなたはどのように回答しますか？相手の質問には、具体的な取引先の名前がありませんね。トラブルの内容も不明です。相手の一言を過去の経験などから勝手に判断したり決めつけたりすることは慎みます。また、曖昧な理解のままに回答することも避けます。相手からの質問への理解が曖昧と感じた際には、5W1Hを使って具体的に内容を理解していく、あるいは

　　　「～のご質問は、……と理解してよろしいでしょうか？」

などを使い、お互いに質問の内容と回答を理解し合いながらコミュニケーションをとりましょう。

　周りの環境などの影響で、相手の声が聞き取りにくいときもあります。その際は、質問を繰り返してもらいましょう。質問に対して直ちに回答するのではなく、内容を確認するために質問に質問で返すことは、問題ありません。即答は、時には信頼性の低下を招きます。

> **ポイント**

すぐに回答できない場合は、回答の時期と手段を伝える。

　質問は、すぐに回答するのが基本ですが、すぐに回答するのが適切でない場合もあります。たとえば、内容を伝えている最中に、相手から質問がありました。説明中に質問を受け付けない姿勢は論外ですし、説明が終わってから質問を受け付けるといった固定的な対応もいけません。質問の中身と現在伝えている内容の両面から状況を判断します。

　質問の内容がこれから説明する内容に含まれている場合には、質問を受け取り、後ほど説

明することを伝えます。たとえば、

> 相　手：「〇については、いかがですか？」
> あなた：「〇についてのご質問ありがとうございます。それにつきましては後ほど説明させていただきますが、よろしいでしょうか？」

などと回答します。

　質問の内容から判断し、調査をする必要がある場合や自分の知識やスキルを超えている場合には、回答の時期と手段を伝えます。手段には、電話、メール、再訪問、郵送などがあります。たとえば、

> 相　手：「〇については、いかがですか？」
> あなた：「その点につきましては、後ほど資料を郵送させていただきますが、よろしいでしょうか？」

などと答えます。決して嘘はいけません。また「知ったかぶり」をしてもいけません。

7.3 非言語メッセージに対応する

スキル 3：言語・非言語の効果的使用で学習したように、非言語のメッセージには相手の意思や気持ちが含まれます。あなたが説明した内容を相手がきちんと受け取ったか、受け取り方はどうだったかを把握することはとても大切です。

相手からの言語を受け取るだけでなく、相手からの非言語メッセージを正しく受け取り、相手の理解度や満足度を捉えます。その上で、相手の理解度や満足度が低下している際の対応や向上につながる対応をします。

| あなたのメッセージ | → | 相手の非言語メッセージ | → | 的確に捉える | → | 対応 |

ただし、相手の言語や非言語メッセージを受け取った後、それに気を取られて他に注意が向かなかったり、対応に時間がかかり過ぎると、後から届いた非言語メッセージに気づかないことがあります。迅速に反応しましょう。

ポイント

相手のアイコンタクト、表情、しぐさなどから、非言語メッセージを受け取る。

相手のアイコンタクトや表情、しぐさ、姿勢、態度などには、相手の意思や気持ちが表れます。コミュニケーション中の非言語メッセージは、あなたとのやり取りの中で変化します。その変化を捉えます。

○アイコンタクト
「目は口ほどにものを言う」のことわざのとおり、アイコンタクトには、相手の理解度や満足度が表れます。たとえば、

- あなたの目をしっかり見て、聞いたり発言したりする。
- 参加者の特定の人とアイコンタクトをとる。
- 参加者とのアイコンタクトを避けている（たとえば、資料に目を移したまま聞いている）。
- 参加者の特定の人とアイコンタクトをとらない。
- 壁や天井などの周囲を見回す。

などがあります。相手とアイコンタクトを常にとりながら、相手からのアイコンタクトにも気を

共感性編

配ります。また、複数の参加者がいる場合は、全員をゆっくりと見回しながら、参加者のアイコンタクトの変化を捉えましょう。

○表情
コミュニケーション中の顔の表情に注意しましょう。顔の表情の変化は、あなたの発言への反応です。変化を捉えましょう。たとえば、

- 顔の表情が変化した（穏やか、笑顔、喜び、不機嫌、不安、悲しげ、得意顔……）。
- 眉間にしわを寄せた。
- 真一文字の口になった。
- 奥歯を嚙みしめた。

アイコンタクトを常に行いながら相手に常に気を配り、表情の変化に気づくよう心を配ります。

○しぐさ
- 腕組みをし始めた。
- 足を組んだ。
- 時計をしきりに気にしている。
- うなずきや相づちが多くなった。
- 椅子に座りなおした。
- 頬杖（ほおづえ）をついた。
- 身を乗り出した。

比較的大きな動きになりやすいのが、しぐさです。ペンを回すなどの行為も含まれます。しぐさの変化を感じ取ったら、その前後の話の内容と関連性はないか、物理的環境や心理的環境に変化がないかを考えます。

非言語メッセージを捉えることは重要ですが、非言語メッセージだけで相手の意思や感情を判断してはいけません。一見、無表情に見える場合でも、真剣に考えている場合があります。質問を活用したり（参照 P.75）、相手からの発言内容を確認したりなどを行いながら、相手の理解度と満足度を確認します。

> ポイント

理解度や満足度の低下を示すメッセージに、タイムリーに対応する。

　アイコンタクト、表情、しぐさの変化に理解度や満足度の低下を示すものがあります。たとえば、顔の表情が険しくなる、配られた用紙に意味のないことを書き出すなどです。腕組みにも注意します。「腕組みは心の壁」と捉える状況もあります。
　非言語メッセージは、受け取る姿勢がないと見えません。相手の非言語メッセージを常に受け取り、タイムリーに対応します。

> ポイント

理解度や満足度の向上につながる対応をする（質問をする、補足説明をするなど）。

　相手の信頼性や満足度の低下を招く言動は慎みます。たとえば一人で発言を続けている人は、発言者以外の満足度の低下を示す非言語メッセージに気づかないことがあります。他者への配慮ができないために、発言自体が理解度や満足度の向上からずれている例です。

　理解度や満足度の向上には、理解度や満足度が低下した際の対応と、理解度や満足度をさらに向上させる2つがあります。

　まず、理解度や満足度が低下した際の対応を考えてみましょう。たとえば、説明を進めている途中で、相手が理解を示していないことが非言語メッセージから把握できました。どのように対応すればよいでしょうか？
　改めて初めから説明をし直すなどは論外です。そのまま説明を続けることもよくありません。相手の理解度が満足でないにもかかわらず説明を終え、質疑応答に移っても満足を得る議論になりません。相手が理解を示していない場合には、**スキル 6：質問の活用**で学習した質問を使ったり、状況に応じた補足説明を行うなど、相手の理解度を高める対応をとりましょう。理解度や満足度が低下している際の質問は、相手に寄り添い、柔らかな対応を心がけます。

　次に、理解度や満足度向上につながる対応を考えてみましょう。理解度や満足度をさらに向上させるには、相手の非言語メッセージの変化に注目します。たとえば、うなずきや相づちが多くなった、目が輝いてきた、身を乗り出してきた、顔の表情が明るくなったなどです。理解度や満足度をさらに高めるために、相手に身近な具体例やたとえなどを用いて（参照 P.67）、伝えたい内容が相手にとって確実にメリットとなるように意識します。

共感性編

7.4 確認問題

問題1：説明中に、相手から質問がありました。対応として<u>不適切なものを全て</u>選択してください。

 a) 質問には、すぐに回答しなければならない
 b) 質問は、最後にまとめて回答すべきである
 c) 説明中は、質問を受け付けないよう心がける
 d) 質問には、状況を判断して回答する

ヒント：「**7.2：質問に的確に回答する**」を参照しましょう（P.103）。

問題2：お客様から質問がありましたが、質問の理解が不十分なまま回答したところ、お客様の表情が曇りました。質問を受け取った際に行うべき対応で、<u>最も適切なもの</u>を選択してください。

 a) すぐに回答できそうもないので、別の場所にいる先輩を呼ぶために離席する
 b) お客様の質問を確認する問いかけを行う
 c) 質問を受け流す
 d) 理解できないことを詫びる

ヒント：「**7.2：質問に的確に回答する**」を参照しましょう（P.103）。

問題3：取引先との会議中に質問がありました。しかしすぐに適切な回答ができそうもありません。最初にとる行動で、<u>最も適切なもの</u>を選択してください。

 a) 回答できないことを詫び、退席する
 b) 回答時期は不明であると伝える
 c) 回答時期と手段を伝える
 d) 自分の知識の範囲内で回答する

ヒント：「**7.2：質問に的確に回答する**」を参照しましょう（P.103）。

共感性編

先人の言葉
一人の人間にとって、最大の発見、最大の驚きのひとつは、自分には出来ないと思い込んでいたことが、実はできるのだと知ることである[11]。
ヘンリー・フォード

理論性編

理論性で学習するスキル

スキル8 コミュニケーションの準備

スキル9 コミュニケーションの評価

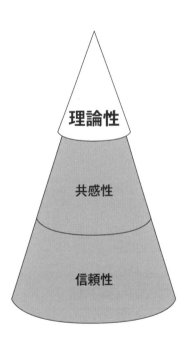

コミュニケーションスキルの3つ目の柱が、理論性です。

理論性は、コミュニケーションの目標を明確にし、進め方を検討し、必要な資料と機材を準備する**スキル 8:コミュニケーションの準備**、コミュニケーション中に相手の理解度と満足度を確認し、コミュニケーション後に目標に対する達成度を評価し、ビジネス・コミュニケーション・スキル向上のための改善点を明らかにする**スキル 9:コミュニケーションの評価**の2つで構成されています。

「段取り八分（はちぶ）」という言葉があります。仕事の段取りに八分（80%）の力を注げば、仕事は終わったのも同然であるという意味です。仕事を進める上で、準備の重要性を表現した言葉です。ビジネス・コミュニケーションも同じです。コミュニケーションの準備をきちんと整えることができれば、コミュニケーションの質はより素晴らしい方向へ進みます。

評価は、コミュニケーション中とコミュニケーション後に行います。特にコミュニケーション後は、コミュニケーションの目標達成度を評価し次へつなげます。コミュニケーションが終了したらそれでおしまいではありません。評価では、

　　　　Plan（計画）→　Do（実行）→　Check（振り返り・評価）→　Act（改善の実施）

のPDCAサイクルを回すことが大切です。計画倒れに終わったり、行き当たりばったりのコミュニケーションを行ったり、終了後に感想だけの振り返りをしたり、改善を行わなかったりするのはいけません。常にPDCAサイクルを回し、改善への意識と実践がとても重要です。

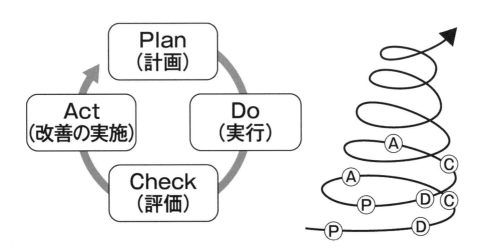

スキル 8 －コミュニケーションの準備－

　スキル 1:**物理的環境の整備**で、お客様先を訪問する際の準備と、お客様または社内からの訪問を受ける際の準備について学習しました。しかし、物理的環境の整備だけが準備ではありません。相手とコミュニケーションを行う前にコミュニケーションの準備を行うことも大切です。コミュニケーションの目標を明確にし、次に目標を達成するためのコミュニケーションの進め方を検討し、進める内容にあわせて必要な資料や機器の準備をします。ここでは、相手の理解度と満足度を得るための事前の準備について学びます。

目標

コミュニケーションの目標を明確にし、進め方を検討し、必要な資料と機材を準備することができるようになる。

8.0 事前チェック

普段の生活を振り返り、学習を進める前に、各項目をチェックしてください。

チェック項目	常にできる	ときどきできる	ほとんどできない
1) 明日の準備は、事前に済ませていますか？	3	2	1
2) 外出する際、事前に必要な物を確認し準備していますか？	3	2	1
3) 何かを検討する際、「どうする？」や「どうしよう？」から検討を始めていない。	3	2	1
4) 部やサークル活動など、あなたが経験している会議で、事前に会議の終了時刻を確認していますか？	3	2	1
5) 部やサークル活動など、あなたが経験している会議で、進め方の時間配分を事前に検討していますか？	3	2	1

理論性編

　各チェック項目の文章を読み、普段の生活で"常にできる（できている）"場合は 3 に、"ときどきできる（できている）"場合には 2 に、"ほとんどできない（できていない）"場合には1に丸を付けてみましょう。点数が高いほど、普段からあなたが実践している項目です。低い項目については、本スキル解説をしっかり学んで身につけられるようにしていきましょう。

　コミュニケーションの準備は、「段取り」スキルです。普段の生活の「段取り力」をチェックしています。
　チェック項目 1)と 2)は、事前に準備しているかどうかを確認しています。
　チェック項目 3)は、方法（How to）から検討を始めていないかどうかを確認しています。
　チェック項目 4)と 5)は、開始時刻や終了時刻、時間配分を考えながら打ち合わせを行っているかを確認しています。会議の経験が少ない場合は、何かを始める際に始めと終わりの時刻を決めたり、ものごとを進める際に時間配分を検討しながら行っているかどうかを確認してみましょう。

普段の生活の中で、コミュニケーションの準備を意識する機会は少ないかもしれません。たとえば、友人と次の週末にカラオケに行くとします。何を歌うのか、どの順番で歌うのかなどを事前に相談したら、もしかすると楽しみは半減するのかもしれませんね。しかし、仕事上の準備は大切です。ビジネス・コミュニケーションに限らず仕事の全てで、「段取り力」は大変重要なスキルです。

コミュニケーションの準備には、基本的な手順があります。まず、コミュニケーションの目標を明確にし、次に進め方を検討し、最後に必要な資料や機器を準備します。具体的には、

STEP1：コミュニケーションの目標を明確にする。
STEP1-1：コミュニケーションの目的を確認する。 STEP1-2：相手の特徴と、相手からの要望を確認する。 STEP1-3：コミュニケーションに使用できる時間を確認、調整する。 STEP1-4：今回のコミュニケーションで達成すべき目標を設定する。
STEP2：コミュニケーションの進め方を検討する。
STEP2-1：達成すべき目標にあわせて、内容を取捨選択する。 STEP2-2：相手の受容意欲の向上を検討する（相手のメリットを明らかにする）。 STEP2-3：内容にあわせたコミュニケーションの方法を検討する（説明する、意見を聞く、質問する、討議するなど）。 STEP2-4：コミュニケーションの時間配分を検討する。
STEP3：必要な資料、機器を準備する。
STEP3-1：既存の資料の調整や、新規資料の作成を行う。 STEP3-2：相手が理解しづらい部分への対応を準備する（補足説明、予想される質問など）。 STEP3-3：必要な機器を確認し、操作方法を習得しておく。

基本の流れは、

　　　STEP1：目標設定　→　STEP2：進め方の検討　→　STEP3：資料や機器の準備

です。最初に進め方や資料や機器の準備をするのではなく、まず目標を明確にすることに注意しましょう。それぞれのSTEPは、上の表のようにさらに細かく分かれています。ステップを順に行いながらコミュニケーションを準備します。

7.4　確認問題　　解答　問題1　a)、b)、c)　　問題2　b)　　問題3　c)

8.1 コミュニケーションの目標を明確にする

コミュニケーションの準備で最初に確認することが、コミュニケーションの目標です。目標を明確にするには、以下の手順を踏みます。

STEP1-1：コミュニケーションの目的を確認する。
STEP1-2：相手の特徴と、相手からの要望を確認する。
STEP1-3：コミュニケーションに使用できる時間を確認、調整する。
STEP1-4：今回のコミュニケーションで達成すべき目標を設定する。

このステップは基本的な流れです。状況によってはSTEP1-1からSTEP1-4を同時に話し合うなど、相手に応じて順番を変更しても構いません。

○STEP1-1：コミュニケーションの目的を確認する。
スキル4：心理的環境の管理で学習した目的や目標（参照 P.48）は、コミュニケーション開始時やコミュニケーション中を対象にしていましたが、コミュニケーションの準備段階でも、目的を確認することはとても大切です。

「何のために（目的）コミュニケーションを行うのか」を最初に明確にしておくと、コミュニケーションの開始時に、改めてお互いがコミュニケーションの意義を確認できます。事前に設定した目的をコミュニケーション開始時やコミュニケーション中で確認しながら進めることができるので、目的から逸脱した進行を極力減らすことができます。

○STEP1-2：相手の特徴と、相手からの要望を確認する。
目的が確認できたら、相手の特徴と相手からの要望を確認します。相手の特徴とは、使用言語、業種や職種、役職、今回のコミュニケーションの目的に関する経験や知識などを指します。たとえば、同じ目的であっても、業種や職種が異なれば説明の仕方・伝える内容・具体例は変わります。事前に相手の特徴や要望を確認しましょう。

なお、相手の性別や年齢などの個人に関する情報は、目的に沿う場合を除き確認しません。また宗教などの機微な情報は原則収集しませんので、注意が必要です。

理論性編

相手の要望については、今まで2つのスキルで学習しました。

1） 物理的環境の整備：訪問者を受け入れる際に相手の状況と要望を確認すること：参照 P.8
2） 心理的環境の管理：コミュニケーションの開始時に目的と目標に対する相手の期待や要望を確認する：参照 P.49

目的の確認と同様、コミュニケーションの準備段階で相手の特徴や要望を確認できると、**スキル1：物理的環境の整備**や、**スキル4：心理的環境の管理**への効果が期待できます。結果として信頼性や共感性を高めることができます。

〇STEP1-3：コミュニケーションに使用できる時間を確認、調整する。
　次に使用できる時間を確認し調整します。たとえば次の情報は、このポイントに照らして問題のある表記です。

「〇月〇日、〇時より××会議、場所A会議室」

　この表現には、終了時刻の記載がありません。この会議は延々と果てしなく続く会議になってしまうのでしょうか？目標を明確にする前に、開始時刻だけではなく終了時刻も確認し調整します。日時と開始時刻、終了時刻を決めることで、コミュニケーションに使用できる時間が明確になり、決められた時間内に目的を達成するための目標を設定することができます。

〇STEP1-4：今回のコミュニケーションで達成すべき目標を設定する。
　次に、今回のコミュニケーションで達成すべき目標を設定します。目標は、**スキル4：心理的環境の管理**の4.1：**コミュニケーションの開始時に、心理的環境を向上させる**（P.47）で学習しましたが、コミュニケーションの準備でも、使用できる時間を決め、その時間内に達成できる目標を設定することが基本です。
　なお、状況によっては、まず具体的な目標を決定し、その目標を達成するために必要な時間を決め、それに基づき日時や開始時刻、終了時刻を決めて確認することもあります。
　大切なのは、コミュニケーションの準備の最初（STEP1）で、ここで述べた目的、相手の特徴や要望、日時、開始時刻・終了時刻、目標を決めることです。コミュニケーションの準備でも最も大切です。しっかりと意識していきましょう。

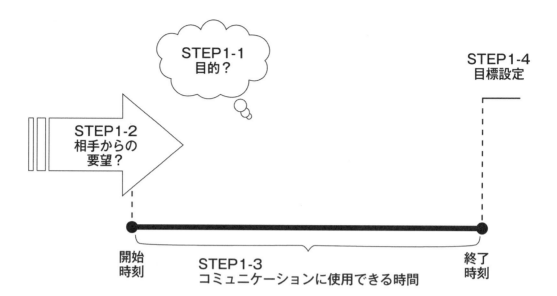

8.2 コミュニケーションの進め方を検討する

コミュニケーションの目的、相手の特徴や要望、日時、開始時刻・終了時刻、目標が明確になったら、次はコミュニケーションの進め方を検討します。

STEP2-1：達成すべき目標にあわせて、内容を取捨選択する。
STEP2-2：相手の受容意欲の向上を検討する（相手のメリットを明らかにする）。
STEP2-3：内容にあわせたコミュニケーションの方法を検討する（説明する、意見を聞く、質問する、討議するなど）。
STEP2-4：コミュニケーションの時間配分を検討する。

これから、コミュニケーションの準備を実際に考えていきます。例として「新入社員研修の中でスピーチを依頼された」、「得意先に新商品の紹介を行う」、「部署内で意見交換」の3つのシーンを想定し、ステップごとに検討していきます。

3つのシーンは、STEP1が終了しているとします。整理すると以下のようになります。なお、日時・開始時刻・終了時刻は割愛し、代わりに与えられた時間を設定します。

想定シーン1：新入社員研修の中でスピーチを行う	
あなたの立場	入社3年目
目的	社会人としての心構えを伝える。
相手の特徴や要望	入社して半年の新入社員(50名程度)、今後の成長を促してほしい。 50名は一例です。複数の新入社員の前でのスピーチと考えてください。
時間	30分
目標	先輩の経験を伝え、仕事へのやる気を引き出すことができる。

想定シーン2：得意先に新商品の紹介を行う	
あなたの立場	営業担当
目的	新商品の特徴を得意先に紹介する。
相手の特徴や要望	従来から商品を使って頂いている。既存商品と新商品の違いを説明してほしい。
時間	1時間
目標	新商品に興味を示し、見積書の依頼を得ることができる。

想定シーン3：部署内で意見交換	
あなたの立場	ワークショップのファシリテーター
目的	問題を抽出し、参加者全員で共有する。
相手の特徴や要望	入社1年目から3年目の20名、活発な意見交換を期待。
時間	2時間
目標	意見交換をまとめ、参加者全員で問題点を共有することができる。

理論性編

○STEP2-1：達成すべき目標にあわせて、内容を取捨選択する。
　目標達成のための内容を吟味し、取捨選択します。内容の取捨選択には、目的、相手の特徴や要望、目標に注目します。

- 新入社員研修の中でスピーチを行う(30分)：
受講者は新入社員です。所属する企業の知識は少なく、当然、経験も不足しています。先輩としてわかりやすい内容にしたいと考えます。自分の失敗体験や成功体験などのエピソードを盛り込み、プレゼンテーションを使って話をします。

- 得意先に新商品の紹介を行う(1時間)：
従来の商品については知識と経験があります。新商品の特徴や従来商品との違いを具体的に知ってもらうために、従来商品や新商品の数値データや価格などを具体的に提示します。

- 部署内の20名で意見交換(2時間)：
グループワークを行い、時間内に意見をまとめます。参加メンバーの特徴(所属、経験など)や今回の目標を考えながら、グループの作り方、議論の進め方、自由に意見を出してもらうための手法やまとめ方などを検討します。

○STEP2-2：相手の受容意欲の向上を検討する(相手のメリットを明らかにする)。

○STEP2-3：内容にあわせたコミュニケーションの方法を検討する(説明する、意見を聞く、質問する、討議するなど)。
　次に相手の受容意欲の向上と内容にあわせた方法を検討します。あなたの提案、説明、進め方、内容などに対し、相手が好感を持って受け入れ、満足してもらえるようにします。単に

「わかった」「できた」ではなく、"満足してもらう"ためには何が必要なのか、どのような方法が良いのかを検討します。また、コミュニケーションの終了後に、相手が満足する結果を得るため、与えられた時間を意義のあるものにしていきます。

- 新入社員研修の中でスピーチを行う(30分):
  30分間飽きさせないこと、プレゼンテーションを使って一方向で説明するだけなく、問いかけたり、質問を受ける、その場でアンケートを取り、表示するなど双方向プレゼンテーションを検討します。

- 得意先に新商品の紹介を行う(1時間):
  サンプルを用意する、導入実績を紹介する、ビデオを観てもらう、デモンストレーションを行う、試用を提案するなど、「買ってみたい」「使ってみたい」「もっと知りたい」を得ることができる内容にします。

- 部署内の20名で意見交換(2時間):
  グループ内のアイスブレイク、楽しみながら意見交換するための雰囲気、納得できる進め方やまとめ方など、「意見交換してよかった」「意義があった」と感じてもらえる内容を検討します。

○STEP2-4:コミュニケーションの時間配分を検討する。

　最後に、コミュニケーションの時間配分を検討します。与えられた時間内に検討した内容と方法が収まるようにします。与えられた時間が長い場合には、休憩時間も考慮しながら、全体をブロックに分け、それぞれにマイルストーン(ミニゴール)を設定すると、時間配分を検討しやすくなります。

　質疑応答を取り入れる場合には、計画した時間より長引くことも予想されますので、余裕を持った時間配分も考えます。

　相手から当初の予定時間を変更してほしいなどの要望が出されることもあります。時間を短くする場合は内容を絞り込み、時間配分を検討します。時間を長くする場合は、時間を長くする理由や目的を再度確認し、状況によっては目標を再設定するなどします。

- 新入社員研修の中でスピーチを行う(30分):
  プレゼンテーションソフトを使いプロジェクタで投影しながら、身振り手振りを盛り込んで話します。
  自己紹介(1分)→今までの体験(成功体験や失敗談などのエピソードも盛り込む:15分)→新入社員に伝えたいこと(5分)→質問タイム(いくつか質問と回答を準備し、回答結果を即時で画面に表示させる)→まとめ(2分):予備時間2分

理論性編

- 得意先に新商品の紹介を行う(1時間)：
ご挨拶→従来商品に関する質疑応答から従来商品のデメリットを再確認してもらう(10分)→カタログとサンプルを使って新商品を紹介する(15分)→新商品に関する質疑応答(10分、状況により補足説明)→パソコンを使いカタログ以外のデータや使用実績を紹介(10分)→質疑応答(5分)→まとめと今後の進め方について(5分)：予備(5分)

- 部署内の20名で意見交換(2時間)：
挨拶と意見交換の目的・目標の共有、進め方の説明等(5分)→グループを作る(5分)→グループ内アイスブレイク(10分)→グループ内で意見交換(45分)→グループ内の意見をまとめる(30分)→グループ発表と全体共有(20分)→まとめ(5分)

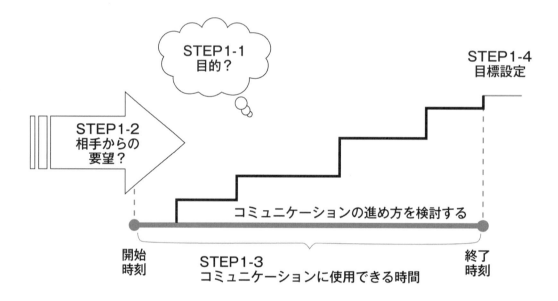

　ここまで準備を進めたら、改めてSTEP1から漏れや抜けがないかを確認します。たとえば上司や先輩に検討内容を説明し、改善や修正の指摘を受けた場合はそれに従います。特に目標が十分に達成できるかどうかを入念に確認しましょう。

8.3　必要な資料、機器を準備する

目標に到達するための内容と時間配分を決めた後、内容に合った資料や機器を準備します。過去に同様の資料がないか、あったらそれを修正したりなどして利用できないか、ない場合は新規に資料を作成します。使用する機器が手元にない場合は他部署などから借りることは可能か、レンタルが必要か、予算を考慮しながら新規購入も含めて検討します。

○STEP3-1：既存の資料の調整や、新規資料の作成を行う。
　資料の修正や新規作成では、目的、相手の特徴・要望、目標、内容を踏まえて行います。たとえば、相手に合わせて文章を変更する、文書作成ソフト・表計算ソフト・プレゼンテーションソフトなどのアプリケーションソフトを使って作る際には、相手の要望や目標にあっているか、わかりやすいか、見やすいか、時間配分内に収まるかなどを考えます。資料の枚数は、配布方法や与えられた時間を考慮して決定します。

○STEP3-2：相手が理解しづらい部分への対応を準備する（補足説明、予想される質問など）。
　相手が理解しづらい部分については、補足説明の資料を準備します。また、あらかじめ予想される質問への回答や資料も考えます。理解度や満足度が向上できた場合も想定し、さらに理解が深まり、満足度が高くなり、納得感を得ることができるような追加資料を準備することも手抜きをせずに検討しましょう。

　STEP3-1 と 3-2 が終了したら、経験豊富な上司や先輩に確認をお願いしましょう。異なる視点で複眼的に確認することは、漏れや抜けをなくすことにつながります。指摘を受けたら修正したり追加で作成したりしましょう。

○STEP3-3：必要な機器を確認し、操作方法を習得しておく。
　パソコン、プロジェクタ、スマートフォンなどの機器を使用する場合には、機器の操作方法を確認し、他の人の手を煩わせることがないように操作方法を十分に習得しておきます。
　インターネットへの接続なども行う場合には、コミュニケーションを行う場所での接続環境も調べておきます。バッテリー駆動の機器は、事前に充電を完了しておきます。さらに、相手の機器を使用する場合には、機器の仕様や状況を確認します。

　会議で必要な資料、機器の準備は、**スキル 1：物理的環境の整備**（参照 P.3）と密接につながっています。内容を再度確認しておきましょう。

　想定した 3 つのシーンでは、以下のような資料や機器の確認が考えられます。

- 新入社員研修の中でスピーチを行う(30分)：
 配布資料(レジュメ)の作成と予備を含めた必要部数のコピー確認、プレゼンテーション資料の作成確認、パソコンの動作確認、パソコンとプロジェクタの接続確認、スクリーンの確認、会場のブラインドの確認、マイクや照明の確認、プロジェクタの動作確認、リアルタイム集計システム(このような仕組みはクリッカーと呼ばれています)の動作確認など

- 得意先に新商品の紹介を行う(1時間)：
 新商品カタログとサンプルの枚数や個数を含めた確認、使用予定パソコンの動作確認、データのUSBメモリへのバックアップ、デジタルデータのコピー確認、新商品価格一覧のコピー確認など

- 部署内の20名で意見交換(2時間)：
 使用予定会場の確認とレイアウトの確認、参加者名簿の確認、グループ編成の確認、使用する用紙サイズと枚数の確認(予備数を考慮)、ホワイトボードやマーカーの確認、タイマー、タイムテーブルの確認など

ここまで学んできたように、コミュニケーションの準備は決して容易な作業ではありません。また、想定した準備のシーンはわずか3つでした。ビジネス社会では実に数多くの準備があります。それぞれに特徴や留意すべきポイント、さらに難易度も異なります。しかし、数多くの経験を積み、上司や先輩などから指導助言を受けながら業務を遂行し準備を行っていくことで、必ず獲得できるスキルです。コミュニケーションの準備を構成するSTEP1からSTEP3の中で、どこが"できていないか・できているか"を確認しながら、日々スキルアップに励みましょう。想定したシーンをまとめて表にしてあります。参考にしてください。

STEP		新入社員研修の中でスピーチを行う(30分)	得意先に新商品の紹介を行う(1時間)	グループでの意見交換(2時間)
STEP2-1	達成すべき目標にあわせて、内容を取捨選択する	受講者は新入社員です。所属する企業の知識は少なく、当然、経験も不足しています。先輩としてわかりやすい内容にしたいと考えます。自分の失敗体験や成功体験などのエピソードを盛り込み、プレゼンテーションを使って話をする。	従来の商品については知識と経験があります。新商品の特徴や従来商品との違いを具体的に知ってもらうために、従来商品や新商品の数値データや価格などを具体的に提示する。	グループワークを行い、時間内に意見をまとめます。参加メンバーの特徴(所属、経験など)や今回の目標を考えながら、グループの作り方、議論の進め方、自由に意見を出してもらうための手法やまとめ方などを検討する。
STEP2-2 STEP2-3	相手の受容意欲の向上を検討する 内容にあわせたコミュニケーションの方法を検討する	30分間飽きさせないこと、プレゼンテーションを使って一方向で説明するだけなく、問いかけたり、質問を受ける、その場でアンケートを取り表示するなど双方向プレゼンテーションを検討する。	サンプルを用意する、導入実績を紹介する、ビデオを観てもらう、デモンストレーションを行う、試用を提案するなど、「買ってみたい」「使ってみたい」「もっと知りたい」を得ることができる内容にする。	グループ内のアイスブレイク、楽しみながら意見交換するための雰囲気、納得できる進め方やまとめ方など、「意見交換してよかった」「意義があった」と感じてもらえる内容を検討する。
STEP2-4	コミュニケーションの時間配分を検討する	自己紹介(1分)→今までの体験(成功体験や失敗談などのエピソードも盛り込む:15分)→新入社員に伝えたいこと(5分)→質問タイム(いくつか質問と回答を準備し、回答結果を即時で画面に表示させる)→まとめ(2分):予備時間2分	ご挨拶→従来商品に関する質疑応答から従来商品のデメリットを再確認してもらう(10分)→カタログとサンプルを使って新商品を紹介する(15分)→新商品に関する質疑応答(10分、状況により補足説明)→パソコンを使いカタログ以外のデータや使用実績を紹介(10分)→質疑応答(5分)→まとめと今後の進め方について(5分):予備(5分)	挨拶と意見交換の目的・目標の共有、進め方の説明等(5分)→グループを作る(5分)→グループ内アイスブレイク(10分)→グループ内で意見交換(45分)→グループ内の意見をまとめる(30分)→グループ発表と全体共有(20分)→まとめ(5分)
STEP3-1 STEP3-2 STEP3-3	必要な資料、機器を準備する	配布資料(レジュメ)の作成と予備を含めた必要部数のコピー確認、プレゼンテーション資料の作成確認、パソコンの動作確認、パソコンとプロジェクタの接続確認、スクリーンの確認、会場のブラインドの確認、マイクや照明の確認、プロジェクタの動作確認、リアルタイム集計システム(このような仕組みはクリッカーと呼ばれています)の動作確認など。	新商品カタログとサンプルの枚数や個数を含めた確認、使用予定パソコンの動作確認、データのUSBメモリへのバックアップ、デジタルデータのコピー確認、新商品価格一覧のコピー確認など。	使用予定会場の確認とレイアウトの確認、参加者名簿の確認、グループ編成の確認、使用する用紙の順確認(予備を考慮)、ホワイトボードやマーカーの確認、タイマー、タイムテーブルの確認など。

理論性編

8.4 確認問題

問題1：取引先のお客様を招き、会議を開くことになり、先輩社員から会議の準備を指示されました。最初に確認しておく情報の組み合わせで、最適なものを選択してください。

- a) お客様の名前、性別、開始時刻、使用する機器の空き状況
- b) お客様の業種、人数、役職、社内参加者の情報（所属、経歴等）
- c) お客様の人数、住所、年齢、社内の参加人数
- d) お客様の人数、性別、開始時刻、社内施設の空き状況、

ヒント：「STEP1-2：相手の特徴と、相手からの要望を確認する」を参照しましょう（P.116）。

問題2：相手との話の焦点がずれないようにするために、最初に確認することを選択してください。

- a) 開始時刻と終了時刻
- b) 参加者の人数
- c) 目的と目標
- d) お客様の知識や経験

ヒント：「STEP1-1：コミュニケーションの目的を確認する」(P.116)と「STEP1-4：今回のコミュニケーションで達成すべき目標を設定する」(P.117)を参照しましょう。

問題3：お客様に新しいサービスを提案する場合に、最初に検討すべきものとして、最適なものを選択してください。

- a) 導入事例
- b) 価格
- c) お客様のニーズ（要望・要求）
- d) サービスに対する保守体制

ヒント：「STEP1-2：相手の特徴と、相手からの要望を確認する」を参照しましょう（P.116）。

先人の言葉
よく始められた仕事は、なかば終わったものである。[12]
プラトン

スキル 9 —コミュニケーションの評価—

　ビジネス・コミュニケーションのスキルを維持し向上させていくためには、コミュニケーションを評価し、改善することがとても大切です。ここでは、コミュニケーション中の評価とコミュニケーション後の評価について、さらに「Plan（計画）→ Do（実行）→ Check（振り返り・評価）→ Act（改善の実施）」についても学習します。

　コミュニケーションの評価は2つあります。「コミュニケーション中の評価」と「コミュニケーション後の評価」です。コミュニケーション中は、相手の理解度と満足度を評価します。コミュニケーション後は目標に対する達成度を評価します。

コミュニケーション中の評価
・理解度、満足度

コミュニケーション後の評価
・目標に対する達成度

　評価は、評価することが目的ではありません。評価の目的は、評価を行った結果をもとに改善点を明らかにし、次回につなげることです。仕事上のコミュニケーションは、ただ1回の経験で終わるものではありません。常に自己評価しながら改善点を見つけ出し、努力していくことが大切です。

目標

コミュニケーション中に相手の理解度と満足度を確認し、コミュニケーション後に目標に対する達成度を評価し、ビジネス・コミュニケーション・スキル向上のための改善点を明らかにすることができるようになる。

理論性編

9.0 事前チェック

普段の生活を振り返り、学習を進める前に各項目をチェックしてください。

チェック項目	常にできる	ときどきできる	ほとんどできない
1) 会話をしている際に、相手の言語・非言語メッセージを受け取り、評価していますか？	3	2	1
2) 自分が設定した目標に対し、達成できたかどうかを振り返っていますか？	3	2	1
3) 自分の設定した目標に対し、達成できた場合はその理由、達成できなかった場合はその理由を考えていますか？	3	2	1
4) コミュニケーション後に、進め方に問題がなかったかどうか振り返っていますか？	3	2	1
5) コミュニケーション中の他者の言葉やしぐさから、理解度と満足度を確認していますか？	3	2	1

　各チェック項目の文章を読み、普段の生活で"常にできる（できている）"場合は 3 に、"ときどきできる（できている）"場合には 2 に、"ほとんどできない（できていない）"場合には1に丸を付けてみましょう。点数が高いほど、普段からあなたが実践している項目です。低い項目については、本スキル解説をしっかり学んで身につけられるようにしていきましょう。

　コミュニケーションの評価は、コミュニケーション中とコミュニケーション後の 2 つがあります。
　チェック項目 1)は、普段の会話の中で、常に自己評価を行っているかどうかを確認しています。
　チェック項目 2)、3)、4)、5)は、目標に対する達成度を評価しているかどうかを確認しています。感想ではなく、計画から完了までを具体的に振り返り、達成できてもできなくてもその理由を考え、問題があればその問題点を明らかにして次へつなげることを行っているかを確認しています。

理論性編

8.4 確認問題　　解答　　問題1 b)　　問題2 c)　　問題3 c)

9.1 コミュニケーション中に相手の理解度と満足度を確認する

コミュニケーション中は、常に相手の理解度と満足度を確認し、自己評価しながら話を進めます。そのためには、相手からのメッセージを受け取ることができるように、常に相手に気を配ります。すでに学習したように、相手からのメッセージは、言語・非言語メッセージです。コミュニケーション中の評価では、相手からの言語・非言語のメッセージを常に受け取る姿勢がとても大切です。

ポイント

相手の言語・非言語メッセージから、理解度と満足度を把握する。

相手からの言語・非言語メッセージを受け取るには、相手に軸足を置き、相手に気を使います。相手の理解度や満足度は、表情やしぐさに表れます。表情やしぐさは非言語メッセージです。相手の非言語メッセージは、あなたが見ようとするから見えるのです。つまり、非言語メッセージは、あなたが相手を見ようとしなければ見えないメッセージです。**スキル 7：相手からのメッセージへの対応**で学習した**アクティブ・リスニングを行う**(P.97)を積極的に使いましょう。

コミュニケーション中の言語・非言語メッセージの変化には、以下のようなものが挙げられます。

- 声のトーンや大きさ、メリハリなどが変わる
- アイコンタクトが変わる（斜めから見る、身体を傾けて見る、見る位置が変わる、回数が変わる）
- しぐさに表れたり、変化する
- うなずきや相づちに表れたり、変化する
- 顔の表情が変わる
- ジェスチャーが出現したり、変化する
- 姿勢が変わる
- 足組みや腕組みが表れたり、回数が変わる
- 資料があれば、資料への視線の動きが変化したり、資料を見る時間や回数が変わる
- 筆記用具の持ち方（ペン回しなど）が変わる

これらの言語・非言語メッセージの変化を常に受け取り、相手の理解度を確認するように心がけましょう。

> **ポイント**

新しいトピックに移る前や終了時に、相手の理解度と満足度を確認する。

　新しいトピックに移る前に、相手の理解度と満足度を確認します。下図の下矢印部分が相手の理解度と満足度を確認するタイミングです。スキル8のSTEP2-4で検討したコミュニケーションの時間配分の図（参照 P.122）と比べてみましょう。たとえば説明の際には、相手への説明が終了したタイミングで、相手の理解度と満足度を確認する質問を投げかけ、質問に対する相手の回答を捉え、相手の理解度や満足度をはかります。

　コミュニケーションの終了時も相手の理解度と満足度を確認します。たとえば、コミュニケーション全体のまとめを行いながら問いかけをしたり、総括的質問を投げかけたりします。アンケートを行い、その結果から相手の理解度や満足度をはかるのもよいでしょう。

　この2つのタイミングで問いかけや質問を投げかけて、相手の理解度と満足度を確認することを常に心がけましょう。なお具体的な質問の方法などについては、**スキル 6：質問の活用**の **6.1：質問の目的、種類、方法を使い分ける**（P.77）を参照してください。

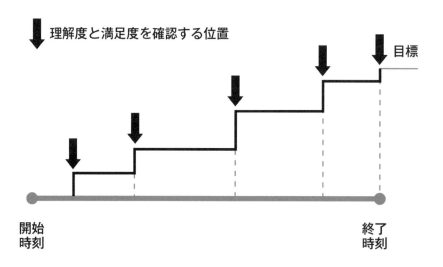

9.2 コミュニケーション後に目標に対する達成度を評価する

コミュニケーション終了後に、設定した目標に対し達成度を自己評価します。終了時の振り返りで最も大切なのが目標の達成度評価です。

ポイント

コミュニケーションの目標に対する達成度を評価する。

なお、終了後には、コミュニケーション終了直後、コミュニケーション終了1ヵ月後、3ヵ月後、1年後などが含まれます。

コミュニケーション終了直後で大切なのは振り返りです。コミュニケーション終了時に、感想を述べるだけのような振り返りでなく、何がどのように落ち度なくできたのか、あるいはできなかったのかなど、目標を達成できてもできなくても、次へつなげるための評価を具体的に行います。可能であれば記録しまとめておきましょう。

- お客様とのやり取りを振り返り、達成感に浸る
- お客様とのやり取りを振り返り、良い点と改善点を見出し、次につなげる

どちらが良い評価でしょうか？　明らかですね。

伝えたいことを相手が受け取り理解し、満足感を得るコミュニケーションができるように、より良いものにしていくためには、目標に対する達成度評価は、とても大切です。目標が達成できた場合もできなかった場合も、どちらの場合も必ず評価しましょう。目標に対する達成度の評価は、改善への「道標（道しるべ）」です。

理論性編

ポイント

必要に応じて、記録・報告する。

　目標に対する達成度評価は、記憶するだけでなく、報告することが求められます。記憶は薄れていきますが、記録は残ります。できるだけ事実に焦点をあわせて記録します。事実と、考え・意見・見解・印象などは分けて記録するとよいでしょう。所定の報告書がある場合は、それに記録します。たとえば、業務報告書の項目は、日時や相手先情報、概況、今後の見通し、所感などに分かれていますので、所感に今後の改善点などを含めて書くとよいでしょう。

　ビジネスで、「報告・連絡・相談（ホウ・レン・ソウ）」は"基本のキ"です。コミュニケーションの評価についても必要に応じて上司や先輩に報告します。まず結果や結論を先に述べます。時系列で長々と報告することは慎みます。また、必要があれば結果に至った理由や経過を説明します。報告に感情を入れるのは適切でありません。事実に焦点をあわせて報告します。

　評価はあくまで自己評価ですから、報告する上司や先輩に評価を求めてはいけません。ただし、報告後に指導や助言または指摘を受けた際には、自己評価を見直し、必要があれば記録しその後の改善点を改めて報告します。

　コミュニケーション終了から、ある程度時間が経った際には、事後アンケートが効果的です。アンケートの収集方法としては、郵送する、Web 等のアンケート集計の仕組みを利用するなどがあります。コミュニケーションの対象者が数十名を超えるような場合には、アンケート結果を分析し、記録として保存し、次の改善に役立てます。

9.3 ビジネス・コミュニケーション・スキル向上のための改善点を明らかにする

今まで学習した信頼性、共感性、理論性の 8 つのスキルについて自己評価し、コミュニケーション・スキル向上のための改善点を明らかにしましょう。
具体的には、次の自己評価シートを参照しながら自己評価します。自己評価シートにはテキストの参照ページを掲載してあります。ぜひ利用してください。

評価は、3 つの柱(信頼性、共感性、理論性)で評価します。

> (信頼性の自己評価)
>   信頼性は、「相手からの信頼を得て、それを維持することができたか」を自己評価します。
> (共感性の自己評価)
>   共感性は、「相手と円滑にやり取りを行うことができたか」を自己評価します。
> (理論性の自己評価)
>   理論性は、「目標設定、進め方、資料、機材が適切であったか」を自己評価します。

コミュニケーション終了後の自己評価で、あなたの改善点が明らかになります。改善点ばかりではなく良い点も見えてきます。改善すべき点はその原因を考え、対策を検討します。良い点は継続できるようにします。計画(Plan)し、実行(Do)し、振り返り評価(Check)し、改善の実施(Act)へつなげるサイクル＝PDCA サイクルを回すには、評価がとても大切です。

ビジネス・コミュニケーション自己評価シート

評価項目	自己評価	本書の参照ページ
信　頼　性		
1.　物理的環境の整備を評価する		
お客様先などに訪問する際の準備を行うことができましたか？		P.5
お客様または社内からの訪問者を受け入れる際の準備を行うことができましたか？		P.8
お客様または社内からの訪問者を受け入れる際、コミュニケーション中の環境を管理することができましたか？		P.12
2.　信頼の獲得と維持を評価する		
好ましい印象を与えることができましたか？		P.19
信頼を得られる言動をすることができましたか？		P.21
相手からの信頼を維持することができましたか？		P.24
3.　言語・非言語の効果的使用を評価する		
音声を効果的に使用することができましたか？		P.32
アイコンタクト、ジェスチャー、動きなどを効果的に使用することができましたか？		P.35
必要に応じて、メディアを効果的に使用することができましたか？		P.38
共　感　性		
4.　心理的環境の管理を評価する		
コミュニケーションの開始時に、心理的環境を向上させることができましたか？		P.47
コミュニケーションを円滑に進行することができましたか？		P.52
コミュニケーション中の雰囲気の悪化を最小限に抑えることができましたか？		P.55
5.　表現方法の調整を評価する		
相手が理解しやすい構成で話すことができましたか？		P.63
相手にあわせた表現を工夫することができましたか？		P.66
必要に応じて、逸話や比喩を効果的に使用することができましたか？		P.70
6.　質問の活用を評価する		
質問の目的、種類、方法を使い分けることができましたか？		P.77
適切に質問を投げかけることができましたか？		P.88
相手の回答を尊重し、柔軟な対応をすることができましたか？		P.90
7.　相手からのメッセージへの対応を評価する		
アクティブ・リスニングを行うことができましたか？		P.97
質問に的確に回答することができましたか？		P.103
非言語メッセージに対応することができましたか？		P.105
理　論　性		
8.　コミュニケーションの準備を評価する		
コミュニケーションの目標を明確にすることができましたか？		P.116
コミュニケーションの進め方を検討することができましたか？		P.119
必要な資料、機器を準備することができましたか？		P.123

理論性編

9.4 確認問題

問題1：お客様先で説明を行いましたが、納得を得ることができませんでした。最初に行うことで最適なものを選択してください。

  a) 先輩に相談する
  b) 相手とのやり取りを振り返り、改善点を明らかにする
  c) 上司に相手への説明を依頼する
  d) 気にしない

 ヒント：「9.2：コミュニケーション後に目標に対する達成度を評価する」を参照しましょう（P.131）。

問題2：相手とのコミュニケーションの改善点を明らかにする評価項目で、適切なものを全て選択してください。

  a) 相手からの信頼を獲得でき維持できたかどうか
  b) 相手が自分の諸事情を理解し、共感してくれたかどうか
  c) 相手が話の内容を十分理解し、満足するやり取りができたかどうか
  d) 目標設定や進め方、資料、機材に問題がなかったかどうか

 ヒント：「9.3：ビジネス・コミュニケーション・スキル向上のための改善点を明らかにする」を参照しましょう（P.133）。

問題3：先輩からの指示で行った仕事が終わりました。先輩に口頭で報告します。最適なものを選択してください。

  a) 「終わりました」とだけ伝え、次の仕事にとりかかる
  b) 結果のみを報告し、先輩からの質問を待つ
  c) 時系列で起こったことややり取りを臨場感たっぷりに説明する
  d) 結果を報告し、必要があればその結果に至った理由や経過を述べる

 ヒント：「9.2：コミュニケーション後に目標に対する達成度を評価する」を参照しましょう（P.131）。

理論性編

先人の言葉
己の実力が不十分であることを知ることが、己の実力を充実させる(13)。
アウグスティヌス

確認演習

　ここまで学んだスキルの内容を確認し、さらに理解を深めるために、演習問題を用意しました。
　各スキルの解説を振り返りながら演習問題を進めてください。スキル 9 については演習形式の問題は用意していませんが、確認演習をひと通り終えた後にスキル 9 を見直しておくことをお勧めします。

確認演習 1	相手との適切な距離を確認する（⇒スキル 1）
確認演習 2	明るく豊かな表情を心がける（⇒スキル 2）
確認演習 3	母音で会話してみよう（⇒スキル 3）
確認演習 4	言語・非言語を効果的に使い、昔話を語る（⇒スキル 3）
確認演習 5	コミュニケーション開始時に、「キドニタテカケシ衣食住」を使う（⇒スキル 4）
確認演習 6	相手にあわせた表現方法の調整（⇒スキル 5）
確認演習 7	クローズド質問だけを受け取る（⇒スキル 6）
確認演習 8	相手からのメッセージへの対応（⇒スキル 7）
確認演習 9	コミュニケーションの準備（⇒スキル 8）

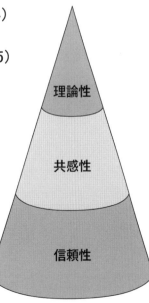

確認演習 1　相手との適切な距離を確認する

関連スキル　スキル1：物理的環境の整備（参照 P.3〜）

準備

2人一組になります。起立し、互いに向き合ってください。
手を相手に向けて上げ、お互いの手が触れるか触れないかの距離になるように立つ位置を調整します。

演習1　手を降ろし、お互いにお辞儀をしてみましょう。

いかがでしたか？
お互いの手が触れるか触れないかの距離は、初対面の時に挨拶する距離や、名刺交換の開始時の距離です。ぜひ覚えておきましょう。

演習2

イ）演習1に引き続き行います。まず演習1を復習し、お互いがお辞儀をしても頭がぶつからないことを確認します。

ロ）次に、顔を見ながら自分の足のサイズ半分程度の距離をお互いに縮め、近づいてみましょう。どんな気持ちになりますか？

（気づいたことを整理しましょう）

9.4 確認問題　解答　問題1 b)　問題2 a), c), d)　問題3 d)

確認演習 2　明るく豊かな表情を心がける

関連スキル　スキル 2：信頼の獲得と維持（参照 P.17～）

準備

3 人一組になります。1 人がオブザーバーになります。残り 2 人がお互いに会話をします。まず、オブザーバーになる順番を決めてください。

演習

最近起こった出来事（ここ数日、ここ 1 週間、この 1 ヵ月で）を 2 人で自由に話してください。オブザーバーは、2 人の会話を確認しながら、2 人の表情の特徴を記録しましょう。
（制限時間 3 分程度）

2 人の会話が終わったら、交代し繰り返します。その後、3 人でお互いの表情の特徴について振り返ってみましょう。

オブザーバー記入欄	
さんの表情の特徴	さんの表情の特徴

明るく豊かな表情は、和やかな雰囲気を作ります。鏡に向かってさまざまな表情を作り、相手からどのように見えているのかを確認しましょう。できれば毎朝確認するとよりよいでしょう。

確認演習3　母音で会話してみよう

関連スキル　スキル3：言語・非言語の効果的使用（参照 P.29〜）

準備
背すじを伸ばし、足を肩幅程度に開いて立ちましょう。

演習
まず、下図を参照して、「あ・い・う・え・お」それぞれを大きく口を開けてゆっくりと発音しましょう。

次に、「元の言葉」の列をゆっくりと発声しましょう（①）。次に、「ん」以外の言葉を全て母音に変えた、「母音のみ」の列をゆっくり発声しましょう（②）。②を2回繰り返してください。その後「元の言葉」の列をもう一度ゆっくりと発声しましょう（①）。①から②を2回繰り返してください。

①　元の言葉	②　母音のみ
おはようございます	おあおう　おあいあう
こんにちは	おんいいあ
さようなら	あおうああ
ありがとうございます	あいあおう　おあいあう
おつかれさまでした	おうあえ　ああえいあ

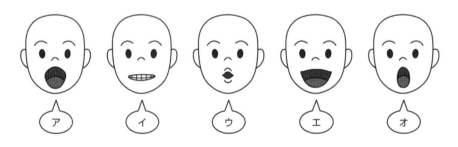

母音会話は、劇団四季が開発したメソッド（母音法）です[14]。母音をはっきりと発音することができれば、日本語をきれいに話すことにつながります。ぜひ時間を作り練習しましょう。紹介した文献には、母音法の詳しい内容や母音法以外の呼吸法やフレージング法も紹介されており、一読をお勧めします。

確認演習 4　　言語・非言語を効果的に使い、昔話を語る

関連スキル　　スキル3：言語・非言語の効果的使用（参照 P.29〜）

準備

昔話の"桃太郎"を2人一組で行います。
一人は"桃太郎"を話す役。もう一人が"桃太郎"の話を聞く役です。
まず役を決めましょう。

"桃太郎"を話す役の人は、まず以下の文章を読み、どこで効果的な言語や非言語を使用すればよいのかを考えてみましょう。（考える時間：2分程度）

　むかしむかし、あるところに、おじいさんとおばあさんが住んでいました。おじいさんは山へしばかりに、おばあさんは川へ洗濯に行きました。
　おばあさんが川で洗濯をしていると、川上から大きな桃が流れてきました。（ここでおばあさんはどんな言葉を発しますか？考えてみましょう）

　（以下あらすじ…）
　おばあさんは、拾った桃を家に持って帰ります。おじいさんが帰ってくると、一緒に桃を割ります。すると中から元気な男の子が出てきました。名前を桃太郎と付けます。
　（ここまでで話を終了します）

演習

　話す範囲は、桃から桃太郎が生まれるまでとします。話す役の方は、前ページの話の<u>あらすじの文章を絶対に見ない</u>でください。話の途中で話の筋を忘れてしまったりストーリが曖昧になったときは、アドリブで話を進めて構いません。言語・非言語を効果的に使用してお話をしましょう。聞き役の方は一生懸命に聞きます。

　話が終わった後、以下のチェックリストを使って聞き役の方がチェックし、その後交代します。

　2人とも終了したら、良かった点や改善すべき点を話し合ってみましょう。

ポイント

　話し方（声の大きさ、スピード、間、メリハリ）とアイコンタクト、ジェスチャー、動きを効果的に使用し、桃太郎のお話をしましょう。

話し手のチェックリスト	
話すスピードはいかがでしたか？	速い　普通　遅い
話の「間」を適度にとっていましたか？	はい　いいえ
話し方に抑揚はありましたか？	はい　いいえ
音量はいかがでしたか？	大きい　普通　小さい
アイコンタクトはとっていましたか？	はい　いいえ
ジェスチャーを効果的に使っていましたか？	はい　いいえ
動きを効果的に使っていましたか？	はい　いいえ

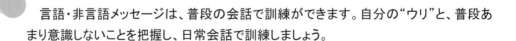

　言語・非言語メッセージは、普段の会話で訓練ができます。自分の"ウリ"と、普段あまり意識しないことを把握し、日常会話で訓練しましょう。

確認演習

確認演習 5 コミュニケーション開始時に、「キドニタテカケシ衣食住」を使う

関連スキル　スキル 4：心理的環境の管理（参照 P.45〜）

準備

2 人一組になります。先に話す役を決めます。話す役の人は、最近の出来事（昨日、ここ 1 週間、ここ 1 ヵ月）を話します。聞き役の人は、話す役の人から問いかけがあったとき以外は、応えてはいけません。話す役の人は、「キドニタテカケシ衣食住」の中からいずれかを選択し、話の始めに使います。何を使うかを決めてから話を始めます。

演習 1

話す役の人は、準備で決めた「キドニタテカケシ衣食住」のいずれかを使って話を開始します。たとえば、「昨日は、とても良い天気でしたね。昨日ね、山登りをしました……」などと始めます。聞き役の人はうなずくなどして、黙って聞きます。（話す時間は 2 分程度です。途中で話が途切れてしまったら無理に話を進めなくとも結構です）

演習 2

演習 1 と同じテーマで話します。ただし、話のきっかけは、たとえば「昨日は、とても良い天気でしたね。昨日どこかに出かけました？」と、"語りかけ＋問いかけ"から始めます。聞き役の人は、その問いかけに一言だけ応答してください。たとえば、「どこにも外出しませんでした」と聞き役の方が応えたとします。話す役の人は、聞き役の人の応答を聞いてから、自分の話したい出来事を自由に話します。適宜聞き役の人に問いかけてもかまいません。（話す時間は 2 分程度です。途中で話が途切れてしまったら無理に話を進めなくとも結構です。途中で終了してください）

以上の演習をお互いに行います。

演習 3　振り返り

演習1と演習2で、コミュニケーションの雰囲気は同じでしたか？違っていましたか？その理由も含めて二人で話し合ってみましょう。（3 分程度）

　　話のきっかけに「キドニタテカケシ衣食住」を使うと、話がスムーズに開始できます。ただし、一方的に話すのではなく、相手が返答しやすいように、適宜「問いかけ」を入れると、話のやり取りはキャッチボールのように続きます。相手がボールを受け取り返球しやすい会話を心がけます。

確認演習6　相手にあわせた表現方法の調整

関連スキル スキル5：表現方法の調整（参照 P.61〜）

準備

2人一組になります。一方が説明をする役、もう一方が聞き役です。聞き役はシニアの方（年齢や性別は自由にイメージしてください）です。

演習

＜説明をする役＞
あなたが今いる場所に最も近いバス停や駅を考えてください。停留所の名前や駅名はなんといいますか？
今いる場所から、あなたが想像したバス停や駅までの道順を、聞き役の方に教えてください。

＜ルール＞
1) 想像したバスの停留所名や駅名を互いに確認します。
2) 聞き役の人は「〇へ行くには、どう行けばよいですか？」と説明役の人に尋ねてください。
3) 説明役の人は、必ず「〇ですね」と復唱してから、あなたが今いる場所からイメージしたバス停や駅までの道順を、シニアの方が理解しやすいように口頭で伝えましょう。
4) 聞き役の人は、説明を受けながら、頭の中に道順がイメージとして浮かび上がってくるかどうか、確認しながら聞きます。仮に理解が難しい場合は、相手に遠慮なく質問してみましょう。
5) 説明が終わったら、交代してみましょう。
（説明時間は3分程度です）
お互いが終了したら、以下の3つの視点から話し合ってみましょう。
- 仮に2人が同じバス停や駅への道案内をしたら、表現方法にどのような違いがありましたか？
- 知っているバス停や駅への道案内の場合は、理解しやすい表現でしたか？
- 知らないバス停や駅への道案内の場合は、イメージが伝わりましたか？

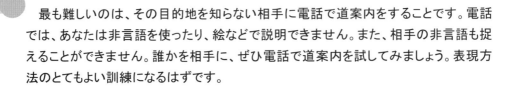

最も難しいのは、その目的地を知らない相手に電話で道案内をすることです。電話では、あなたは非言語を使ったり、絵などで説明できません。また、相手の非言語も捉えることができません。誰かを相手に、ぜひ電話で道案内を試してみましょう。表現方法のとてもよい訓練になるはずです。

確認演習 7　クローズド質問だけを受け取る

関連スキル　スキル6：質問の活用（参照 P.75〜）

準備

2人一組になります。クローズド質問だけでやり取りすると、どんな気持ちになるかをお互いに確認します。

演習 1

次の質問を自由に選び、相手に質問をしてください。質問を受け取った方は「はい」と「いいえ」または、限定言葉だけで応えてください。決して質問に質問で返したり、「はい」や「いいえ」の後に言葉を続けないでください。終わったら交代します。

メロンは大好きですか？	リンゴは好きですか？
勉強は好きですか？	家は学校（あなたの会社）から近いですか？
兄弟はいますか？	夏は好きですか？
何歳ですか？	サッカーに興味がありますか？
魚は嫌いですか？	誕生の月は？
何座ですか？	ポケベルを知っていますか？（使ったことはありますか？）
今年の干支は何ですか？	富士山に登ったことはありますか？
パスポートを持っていますか？	元気ですか？

質問に回答している時は、どんな気持ちになりましたか？　お互いに意見を共有しましょう。

演習2

演習1の質問から一つを選びます。相手に質問を投げかけます。受け取った方は、「はい」と「いいえ」で答えてください。続いて、回答に関連したオープン質問をしてください。その質問を受けてお互いにやり取りをしてください。（1分）

例

「リンゴは、好きですか？」→　　はい　　→「どんな食べ方が好きですか？」
　　　　　　　　　　　　　→　　いいえ　→「嫌いな理由は、なんでしょう？」

クローズド質問とオープン質問を混ぜて質問すると、どんな気持ちになりましたか？　お互いに意見を共有しましょう。

確認演習

確認演習 8　相手からのメッセージへの対応

関連スキル　スキル 7：相手からのメッセージへの対応（参照 P.95〜）

準備

3人一組になってください。話し手・聴き手・オブザーバーを決めてください。

話し手と聴き手は、話しやすい位置・聴きやすい位置を考えます。オブザーバーは話し手と聴き手が見える位置に移動します。

演習

- 一人3分間
- 話し手の話題　昨日（一昨日、1週間の中で、この1ヵ月の中で）のできごと
- 聴き手
  「うなずき」、「相づち」、「励まし」、「繰り返し」、「言い換え」、「質問」を入れながら聴く。
- オブザーバー
  話し手・聴き手のやり取りを見ながら、以下の表を使って2人をチェックします。話が終わったら、コメント欄に気づいたことを書きましょう。

★終了したら、話し手→聴き手→オブザーバーの順でコメントし、共有してください。その後交替し、繰り返します。

大変優れている：5、優れている：4、普通：3、改善の余地あり：2、大いに改善の余地あり：1

オブザーバー氏名			
話し手氏名		聴き手氏名	
話し手の確認項目		聴き手の確認項目	
姿勢	5　4　3　2　1	姿勢・声	5　4　3　2　1
声	5　4　3　2　1	身振り	5　4　3　2　1
身振り	5　4　3　2　1	視線	5　4　3　2　1
視線	5　4　3　2　1	うなずき・相づち	5　4　3　2　1
うなずき	5　4　3　2　1	励まし	5　4　3　2　1
話題	5　4　3　2　1	言い換え	5　4　3　2　1
話の展開	5　4　3　2　1	クローズド質問	5　4　3　2　1
質問への回答	5　4　3　2　1	オープン質問	5　4　3　2　1
オブザーバー　コメント記入欄			

確認演習 9　コミュニケーションの準備

関連スキル　スキル 8：コミュニケーションの準備（参照 P.113〜）

　あなたは、先輩のＡさんから本社で開催される会議の準備を指示されました。
　会議を開くために準備すべきことを考えてみましょう。

い　つ：×年×月×日　水曜日　午後 1 時 30 分から午後 3 時 30 分まで
目　的：先輩のＡさんからは説明がありませんでした。Ｂ課長はあなたとＡさんの直属の上司です。
どこで：本社応接室並びに第一会議室（定員 20 名）
誰　が：お客様のＺ社から、Ｙ部長とＫ課長、Ｓさんの 3 名が来社。（初めての来訪です）なお、本社の応対者と人数は不明です。

演習 1

あなたは、先輩のＡさんやＢ課長に具体的にどのようなことを質問しますか？考えてみましょう。

演習 2

会議までに準備しなければならないことを具体的に書き出してみましょう。

演習 3

演習 2 の内容をグループで話し合い、グループの意見をまとめてみましょう。

★時間があれば、それぞれのグループの意見を交換しましょう。

付録 ビジネスマナー イロハのイ

- 身だしなみ
- 立ち居振る舞い（正しい姿勢）
- 座る位置
- 名刺交換
- 敬語

ビジネスマナーに関する書籍は、本当にたくさん出版されています。
詳しい内容は他の書籍に譲るとして、ここでは、最も基本となるビジネスマナーをお届けします。

身だしなみ

■ 身だしなみとおしゃれの違い

　相手とコミュニケーションをとる際の最初の印象は、身だしなみで決まるといっても過言ではありません。他者との信頼関係を築くために、身だしなみはとても大切です。毎朝必ず身だしなみを整え、鏡で確認することを習慣にしましょう。

　では、身だしなみとおしゃれはどう違うのでしょうか？　おしゃれは自分のために行います。自分の個性を表現するおしゃれは、仕事や学びの空間以外で行いましょう。個性や流行を極端に取り入れすぎることは自己満足です。おしゃれで自己表現をしすぎると、職場の雰囲気を壊すことにもつながりかねません。

　一方、身だしなみは相手の方や他人のために行います。ビジネス空間で、あなたを取り巻く人があなたに対して良いイメージになるように身だしなみを整えます。ですから、業種や職種などを通した仕事に合った機能的で動きやすいサイズやデザインを考えて選びましょう。また、清潔感のある身だしなみを心がけます。髪型や化粧、香水などにも気を使いましょう。服装は、担当する業務にあった服装を選びましょう。

付録

150

以下のチェック項目で確認してみましょう。

項目	チェック内容	OK	NG
髪	清潔ですか？ 長すぎませんか？長い場合はピンなどを使って整えていますか？ ヘアカラーの色は明るすぎませんか？	□	□
化粧	健康的で清潔なイメージですか？ 香水など香りはきつくありませんか？	□	□
ひげ	剃り残しなく、きちんと剃っていますか？ 鼻毛は出ていませんか？	□	□
ワイシャツやブラウス	エリや袖口は汚れていませんか？ ボタン・シワ・シミなどは問題ありませんか？柄や色は派手すぎていませんか？	□	□
スカート・ズボン・小物	色やデザインは業種や職種・業務に合っていますか？ボタン・シワ・シミなどは問題ありませんか？ スカートの丈は短すぎませんか？ ズボンの折り目はついていますか？ベルトは派手すぎませんか？	□	□
手	清潔ですか？ 爪は伸びすぎていませんか？ つけ爪やネイルは業種や職種・業務に合っていますか？	□	□
アクセサリー	業種や職種・業務に合っていますか？ 邪魔にならず動きやすいですか？	□	□
ストッキング	色やデザインは、業種や職種・業務に合っていますか？ 伝線していませんか？	□	□
靴	磨かれていますか？ 色やデザインは業種や職種・業務に合っていますか？	□	□

なお、上のチェック項目や内容は、男女を意識せず作成してあります。あなた自身に該当する項目や内容を読み、チェックしてみましょう。また、企業などで後輩がいる方は、上のチェック項目を身だしなみのチェックに使うことも可能です。

立ち居振る舞い（正しい姿勢）

　相手を尊重したあなたの立ち居振る舞いは、相手からの信頼を得るために大切なポイントです。普段の生活の中で立つ・座る・歩くといった姿勢を意識し、正しい姿勢を心がけましょう。鏡で左右の肩の高さや腕の位置、つま先の開き方、背筋などを確認してみましょう。

■　立ち方

　素敵な立ち方は、良い印象を与えます。背筋を伸ばし、あごを引き相手の顔を見て立ちます。胸を張り、お腹を出さないようにしましょう。頭から足まで棒が一本通っているイメージで立ちましょう。肩の力は抜きます。左右の肩の高さは同じですか？傾いて立っていませんか？左右の肩の高さを揃えるように立ちましょう。左右の傾きを確認すると同時に、体重は足裏の前後均等にかかるよう注意します。つま先は軽く開き、かかとをつけましょう。手は、男性はズボンの横の縫い目に中指を合わせまっすぐ伸ばします。女性は前で手を組みます。組んだ手の位置は、肘が脇に極端に出ないよう自然に組みましょう。組んだ手を上げすぎると肘が脇に出すぎますので注意します。なお、組み手は左手を上にするのが基本ですが、右手が上の業界もあります。先輩の手の組み方を参考にしましょう。

■　座り方

　椅子に座る際には、背筋を伸ばし、背もたれにもたれずに座りましょう。また足を組んだり、貧乏ゆすりをしないように注意します。深く座ると立つときに体をまっすぐに引き上げて立つことができません。深く座った状態から立ってみましょう。上半身が前に倒れた反動で立つことが理解できるはずです。浅く座ると、すうっとまっすぐ上に立つことができます。ぜひ、違いを体験し確認してみましょう。

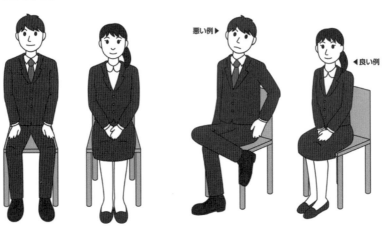

■ お辞儀

お辞儀には、15度程度傾ける「会釈」、30度程度傾ける「敬礼」、45度程度の「最敬礼」など仕方がありますが、ここでは、お客様へのご挨拶、敬意や感謝など、気持ちを伝える際によく使われる30度程度のお辞儀のポイントを説明します。

お辞儀のポイントは、首が曲がらないことです。腰から上を一直線になるように、腰から曲げることです。また、お辞儀をする際に言葉を発するときは、「先言後礼」（せんげんごれい、言先後礼ともいいます）が基本です。先に言葉を言い、言葉が言い終わった後、お辞儀（礼）をする仕方です。なお、お辞儀と言葉を同時に行う「同時礼」もありますので、覚えておきましょう。お辞儀は、形ではなく心です。心を込めて行うことができるよう、何度も練習しましょう。

■ 歩き方

正しい歩き方は、相手に良い印象を与えます。ジャストサイズの靴を選びましょう。靴のサイズが大きすぎると、かかとが靴の外に出てしまい足を引きずりながら歩きがちになり、後ろ姿が美しくありません。サイズが大きい場合は、中敷きなどを入れて靴のサイズを調整しましょう。女性の場合は、ヒールの高さに注意します。高すぎるヒールは歩く姿勢に影響します。

歩くときは、肩の力を抜き、背筋を伸ばし、あごを上げずに軽く引いて歩きます。胸を張りすぎるのもよくありません。がに股にならないようにまっすぐに歩きます。軽く手を振りながら軽快に歩きましょう。

座る位置

　お客様先を訪問する際や、お客様や社内からの訪問者を受け入れる場合に、応接室や会議室はよく使われます。着席する順序を席順や席次といいます。あなたよりも職位が高い人（先輩や上司）、目上の人やお客様は、入り口から遠い席（上座：かみざといいます）に着席します。訪問を受け入れた側、接待する側は、入り口に近い席（下座：しもざといいます）に座ります。また、ソファとひじ掛け椅子では、ソファがお客様用です。

　相手先を訪問した際には、すぐに上座に座るのではなく、入り口に近いところに座り、勧められたら上座に移動するなど配慮しましょう。またお客様を受け入れた際には、上座に座っていただくよう促します。

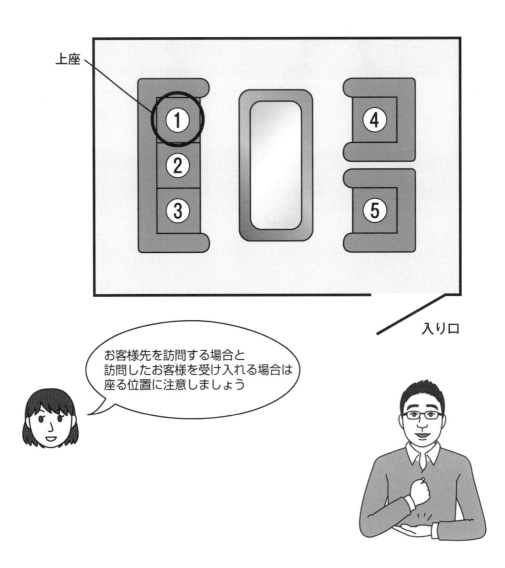

お客様先を訪問する場合と
訪問したお客様を受け入れる場合は
座る位置に注意しましょう

名刺交換

　ビジネスの出会いは、名刺交換から始まります。名刺入れの中の枚数を常に確認し、必要があれば補充しておきましょう。汚れていたり折れ曲がっている名刺は失礼です。
　名刺交換には以下のような流れがあります。

STEP1

　相手と名刺交換を行うまでに時間がある場合は、すぐに名刺交換ができるように名刺入れから名刺を出して、準備しておきましょう。名刺交換の相手が現れた際に着席していた場合は起立し、相手の目の前に立ちます。相手との距離は、**確認演習１：相手との適切な距離を確認する**（P.138）を参考にしてください。

STEP2

　名刺は、胸の高さで、相手が読める向きに差し出します。名刺を右手で持ち左手を添え両手で差し出すのが基本です。相手の顔を見ながら会社名・部署名、名前を名乗りながら差し出します。相手の名刺は両手で受け取ります。その際、必ず「頂戴いたします」と一言添えるようにしましょう。

　同時に名刺を交換するビジネスシーンも多くなっています。その際は、右手に自分の名刺、左手に名刺入れを持ち、相手の名刺入れの上に名刺を乗せるようにして交換しましょう。

STEP3

　相手の名前の読み方がわかりにくい場合や曖昧な場合は、相手の名前を復唱し確認しましょう。たとえば「失礼ですが、お名前は〇〇様とお読みすればよろしいでしょうか？」と確認します。
　名刺にメールアドレスが書いてある場合は、特にゼロ（0）とオー（o）、ハイフン（-）と下線（_）、ドットなどの間違いやすい記号が使われていないか、不安な場合は必ず相手に確認しましょう。

STEP4

　いただいた名刺はすぐに名刺入れにしまわずに、自分が読める向きに置きます。相手が一人の場合は名刺入れの上に、相手が複数の場合は座っている順に対応させてテーブルの上に並べて置きます。
　名刺をしまうタイミングは、退席するときです。決してポケットに入れたり手に持ったりせず、丁寧に名刺入れにしまいます。退席後、名刺交換の日時や場所、相手の特徴などを名刺の余白や裏に書いておくとよいでしょう。

■ 名刺交換の順番

お客様先を訪問したり先輩や上司と一緒に名刺交換したりなど、名刺交換では順番が大切です。

① 1対1の場合

お客様先を訪問した際には、訪問した人（＝あなた）から先に名刺を差し出します。相手との地位や年齢が異なる場合には、地位が低い人、年下の人から先に名刺を差し出します。

② 先輩や上司と一緒の場合

先輩や上司が一緒の場合は、先輩や上司が先に名刺交換を行います。あなたが名刺交換の相手の近くにいた場合でも、必ず先輩や上司が先に名刺交換できるように場所を移動しましょう。

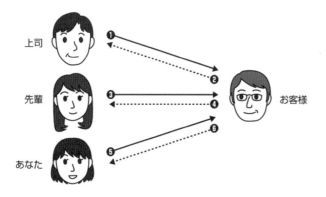

③ どちらも複数いる場合

相手の立場や地位の高い人や目上の人から先に名刺交換します。先輩や上司と同席している際には、先輩や上司が名刺交換している後ろに立ち、控えて待ちます。先輩や上司の名刺交換後、相手と名刺交換します。

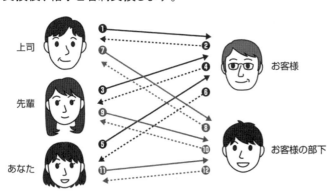

敬語

　敬語は、「相手や周囲の人と自分との間の関係を表現するものであり、社会生活の中で、人と人がコミュニケーションを円滑に行い、確かな人間関係を築いていくために不可欠な働きを持つ。」
(「文化庁　文化審議会答申、敬語の指針」
http://www.bunka.go.jp/seisaku/bunkashingikai/kokugo/hokoku/pdf/keigo_tousin.pdf：(2015年11月時点))と述べられています。ここでは、文化審議会の答申「敬語の指針」を参考に、敬語の種類とビジネスでよく使われる敬語について述べます。

■　敬語の種類

　敬語は大きく3種類(尊敬語、謙譲語、丁寧語)に分けられ、さらに謙譲語(謙譲語Ⅰ、謙譲語Ⅱ)と丁寧語(丁寧語、美化語)の5種類になります。

5種類の分け方		3種類の分け方
尊敬語	「いらっしゃる・おっしゃる」型	尊敬語
謙譲語Ⅰ	「伺う・申し上げる」型	謙譲語
謙譲語Ⅱ（丁重語）	「参る・申す」型	
丁寧語	「です・ます」型	丁寧語
美化語	「お酒・お料理」型	

　尊敬語は、相手を立てる表現です。<u>主語は相手が原則</u>です。
　謙譲語Ⅰは「自分側から相手側などに向かう行為やものごとなどについて、相手を立てる」表現で、謙譲語Ⅱ(丁重語)は「自分の行為やものごとなどを、話や文章の相手に対して丁重に」表現します。いずれも、<u>主語は自分が原則</u>です。丁寧語は「話や文章の相手に対して丁寧に述べる」表現です。美化語は「ものごと、美化して述べる」表現です。

ビジネスでよく使用される言葉を以下に例示しました。

言葉	尊敬語	謙譲語	丁寧語
行く	いらっしゃる	伺う・参る	行きます
言う	おっしゃる	申し上げる・申す	言います
する	なさる・される	いたす	します
食べる・飲む	召し上がる	いただく	食べます・飲みます
来る	お見えになる・お越しになる・いらっしゃる	伺う・参る	来ます
もらう	お受け取りになる・お受けになる	頂く	もらいます
尋ねる	お尋ねになる	伺う	尋ねます
知る		存じ上げる	
会う	お会いになる	お目にかかる	会います
見る	ご覧になる	拝見する	見ます
借りる	借りられる	拝借する	借ります
知る	ご存じ	存じ上げる	知ります
いる	いらっしゃる	おります・おる	います

　この表はあくまで一例です。ぜひ先に示した文化審議会答申や関連書籍などを参考に、学習を深めていきましょう。

呼び方

　自分やお客様などの呼び方を、状況や立場に応じて変えることができるスキルも、敬語のスキルの一つです。相手を敬う気持ちを常に忘れず、ぜひ普段の生活で活用していきましょう。

対象者	自分側	相手側
会社	弊社、当社	貴社（一般に文章）、御社（一般に口頭）
役職	弊社部長（社長）、わたくし（わたくしども）の部長（社長）	部長の〇〇様、〇〇社長
本人	わたくし、当方	あなた様、そちら様
同行者	同行の者、氏名を呼び捨て	お連れ様、ご同行の方
誰か	誰	どちら様、どなた様
父	父	お父様
母	母	お母様
夫	夫、主人	ご主人
妻	愚妻、妻、家内	奥様

引用・参考文献一覧

<引用文献>
(1) 旺文社編, 赤尾一夫発行,『成語林故事ことわざ慣用句 別冊世界の名言・名句』, 旺文社, 1992, ISBN 978-4010778302, p.15.
(2) 旺文社編別冊, 前掲, p.44.
(3) 徳川夢声著,『話術』, 白揚社, 2003, ISBN 978-4826990349, p.47.
(4) 旺文社編, 前掲, p.1130.
(5) クリスティーン・チョピアク著, CCC メディアハウス書籍編集部訳,『戦略をイラスト化するグラフィック・ファシリテーション・スキル』, CCC メディアハウス, 2014, ISBN 978-4484141213, p.72.
(6) 松原泰道著,『南無の会辻説法日のくれぬうち』, 水書坊, 1988, ISBN 978-4943843467, p.12.
(7) 晴山陽一著,『「グッ」とくる言葉 ― 先人からの名言の贈り物』, 講談社, 2011, ISBN 978-4062173834, p.136.
(8) Sailesh Sengupta著,『BUSINESS AND MANAGERIALCOMMUNICATION』, Prentice-Hall of India Pvt. Ltd, 2011, ISBN 978-8120344358, p.294.
(9) 旺文社編別冊, 前掲, p.75.
(10) 創元社編集部編, 矢部敬一発行,『新版ことわざ・名言事典』, プロスト, 2000, ISBN 978-4422021065, p.222.
(11) 晴山陽一著, 前掲, p.81.
(12) 創元社編集部編, 前掲, p.256.
(13) 旺文社編別冊, 前掲, p.66.
(14) 浅利慶太著,『劇団四季メソッド「美しい日本語の話し方」』, 文春新書, 2013, ISBN 978-4166609246, pp.33-63.

<参考文献>
本書の執筆にあたり、以下の文献を参考にしました。
・P.グリフィン・B. マクゴー・E.ケア編, 三宅なほみ監訳,『21 世紀型スキル学びと評価の新たなかたち』, 北大路書房, 2014, ISBN 978-4762828577
・ニコラス・A・クリスタキス/ジェイムズ・H・ファウラー著, 鬼澤忍訳,『つながり 社会的ネットワークの驚くべき力』, 講談社, 2010, ISBN 978-4062147705
・リンダ・グラットン著, 池村千秋訳,『ワーク・シフト』, プレジデント社, 2012, ISBN 978-4833420167
・飯塚順一編, 古屋治発行,『ワークで考える現代社会コミュニケーション』, 西文社, 2009, ISBN 978-4904540008
・生駒俊樹/梅澤正著,『キャリアデザイン支援と職業学習』, ナカニシヤ出版, 2013, ISBN 978-4779507700
・鵜澤慎一郎/田中公康著,『ワークスタイル変革』, 労務行政, 2015, ISBN 978-4845252916
・『児童心理 2003 年 10 月号臨時増刊, 794』, 金子書房, 2003,
・鹿野晴夫/大塚千春著,『対話力を伸ばすビジネスコミュニケーション講座』, 日経BP社, 2009, ISBN 978-4891006594
・小関智弘著,『職人ことばの「技と粋」』, 東京書籍, 2006, ISBN 978-4487801237
・高橋書店編, 高橋秀雄発行,『さすが！と言われるビジネスマナー完全版』, 高橋書店, 2015, ISBN 978-4471011253
・南山大学人文学部心理人間学科監修, 津村俊充/石田裕久編,『ファシリテーター・トレーニング自己実現を促す教育ファシリテーションへのアプローチ』, ナカニシヤ出版, 2003, ISBN 978-4779504907
・西村宣幸著,『コピーしてすぐに使えるコミュニケーションスキルが身につくレクチャー&ワークシート』, 学事出版, 2008, ISBN 978-4761916275
・平澤知穂著,『オフィスコミュニケーショントレーニングみる・きく・問う・伝えるために』, ナカニシヤ出版, 2014, ISBN 978-4779508394
・富士通エフ・オー・エム株式会社著作/制作,『よくわかる 自身がつくビジネスマナー＜改訂2版＞』, FOM出版, 2009, ISBN 978-4893118141
・松本昌子監修, TNB編集部編著,『これだけ知っておけば大丈夫！「ビジネスマナー」のきほん』, 翔泳社, 2015, ISBN 978-4798140667
・森山進著,『人生を豊かにする英語の名言』, 研究社, 2003, ISBN 978-4327451646
・安田雪著,『「つながり」を突き止めろ 入門！ネットワーク・サイエンス』, 光文社, 2010, ISBN 978-4334035884

ビジネス・コミュニケーション・スキル診断（BCSA：ビクサ）概要

【主催】BCSA 推進協議会

　CompTIA（※1）の活動費により運営される組織で、IT 業界だけでなく、様々な業種において広くビジネス・コミュニケーション・スキル診断（BCSA：ビクサ）の普及を行うために組織されています。BCSA の受診料は、試験実施のための経費、協議会の運営及び CompTIA の活動費に充てられます。

〒101-0061
東京都千代田区三崎町 3-4-9　水道橋 MS ビル 7 階　CompTIA 日本支局内
BCSA 推進協議会
info_jp@comptia.org

※1　CompTIA（コンピュータ技術産業協会）とは　（http://www.comptia.jp）
1982 年に設立し、IT 業界の要請から発足した非営利の業界団体です。IT に携わる企業や個人の利益を高めるための「教育」、CompTIA 認定資格（※2）での「認定」、IT 業界の声を反映し IT 政策に反映するための「政策支援活動」、IT 業界の「社会貢献」、以上 4 つを柱として活動を続けています。
米国シカゴ本部を中心に、UK、カナダ、中国、インド、南アフリカなどに拠点をもち、2001 年に日本支局が設立されています。

※2　CompTIA 認定資格
1983 年より提供が開始されている「CompTIA A+」をはじめとする CompTIA 認定資格は、業界エキスパートにより開発され、全世界共通の業務能力基準となる資格試験として、法人を中心にワールドワイドで 200 万人以上に取得されています。（2015 年 7 月現在）

■ ビジネス・コミュニケーション・スキル診断とは

　CompTIA 認定資格の開発プロセスに準拠し、如何なる仕事においても共通して必要なコミュニケーション・スキルを定義、明確化したもので、その活用度合いを診断するものです。BCSA は、日本のセールス、エンジニア、カスタマサポート、企画・教育、人事など、様々な職種を経験している、もしくは在籍している現場の第一線の皆様により開発されています。

ビジネス・コミュニケーション・スキル診断　受診方法

- IBT（インターネット・ベース・テスト）
    ご利用のインターネット環境で診断が行えます。（要動作確認テスト）
    ID・パスワードを利用し、ログイン後、診断を開始します。
- 診断時間／問題数
    50 分／54 問　※中断機能あり
- 診断結果
    正答率、レーダーチャートでの表示　※印刷可

詳細は BCSA ホームページ（http://bcsa.comptia.jp）をご覧ください。

■ ビジネス・コミュニケーション・スキル診断 受診のメリット

- 「スキル」への理解を数値化できる

  ビジネス・コミュニケーション・スキルは、「性格」や「プライベート」と棲み分けできる「スキル」であるため、「性格診断」や「適性検査」で測れるものではありません。その「スキル」の理解を測ることができるのが「ビジネス・コミュニケーション・スキル診断(BCSA：ビクサ)」です。この BCSA により、個々人の「スキル」の理解度(弱み・強み)を把握できるだけでなく、学内の受診対象者の統計を取ることで、傾向を把握することができます。

  また、ビジネス・コミュニケーション・スキルの講義前後や、「スキル」を実践する前後で診断を受けることで、伸び率を確認することができます。

- BCSA を活用することで、潜在的な理解の把握につながる

  性格的におとなしい学生が、必ずしもビジネス・コミュニケーション・スキルが低いとは限りません。BCSA を受診することで、見落とされがちな潜在的なビジネス・コミュニケーション・スキルの理解度を確認できます。

- BCSA の結果を、ビジネス・コミュニケーション・スキルの授業内容の点検修正のデータとして活用できる

  定期的に BCSA を利用することで、授業内容の改善の参考値としてデータを活用し、講義方法の評価・改善につなげることができます。また、KPI(重要業績評価指標)の作成の一助にもなります。

問い合わせ先

ビジネス・コミュニケーション・スキル診断(BCSA／ビクサ)に関する詳細情報をお知りになりたい方、受診をご希望の方は、下記にお問い合わせください。

CompTIA 日本支局　http://www.comptia.jp
CompTIA 日本支局　BCSA 推進協議会　http://bcsa.comptia.jp/

株式会社　ウチダ人材開発センタ　お客様お問い合わせ窓口
https://www01.uhd.co.jp/contact/contact.html
電話　03-6658-5260

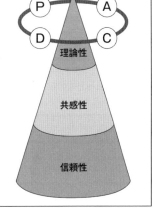

<著者紹介>

加藤　竜哉(かとう　たつや)

福島県福島市在住。現在、桜の聖母短期大学教授として、3・11後の福島復興・再生を担う学生を育てながら、北海道から九州までの多くの大学と連携事業を推進している。現職以前は、一企業人として生産技術・製造技術開発、検査技術開発、管理システム開発などに従事し、その間日本・台湾・米国などの特許を取得。1995年に独立し、中小企業振興公社(現産業振興センター)や福島商工会議所のエキスパートとして、福島県内の多くの企業でコンサルティングを実施。また、マイクロソフト社のラーニングソリューションを支える講師育成も協働。教え子や研修受講者は、5,000人を超える。

モットーは"for you"　武蔵工業大学(現東京都市大学)工学研究科電気工学専攻修士課程修了
日本リメディアル教育学会会員、情報処理学会会員、日本リスク学会会員、日本インターンシップ学会会員、情報コミュニケーション学会会員

著書
『マイクロ波加熱技術集成　普及版』共著、エヌ・ティー・エス(2004)
『大学における学習支援への挑戦2』共著、ナカニシヤ出版(2015)
『大学初年次における日本語教育の実践: 大学における学習支援への挑戦3』共著、ナカニシヤ出版(2018)

本文デザイン	株式会社トップスタジオ
装丁	金井千夏

ザ・コミュニケーション【BCSA(ビクサ)スキル定義準拠】
気づいてわかる、できて身につく　社会で輝く9つのスキル

2015年12月4日　初版　第1刷発行
2024年 4月5日　初版　第5刷発行

著　者	加藤　竜哉、(株)ウチダ人材開発センタ
発行人	宮原　良幸
発行所	株式会社 ウチダ人材開発センタ(https://www.uhd.co.jp)
発売所	株式会社 翔泳社(https://www.shoeisha.co.jp)
印刷・製本	大日本印刷株式会社

© 2015 Tatsuya Kato, Uchida Human Development Co.,Ltd.

本書は著作権法上の保護を受けています。本書の一部または全部について、株式会社 ウチダ人材開発センタから文書による許諾を得ずに、いかなる方法においても無断で複写、複製することは禁じられています。

本書へのお問い合わせについては、iiページに記載の内容をお読みください。

造本には細心の注意を払っておりますが、万一、乱丁(ページの順序違い)や落丁(ページの抜け)がございましたら、お取り替えします。03-5362-3705 までご連絡ください。

ISBN978-4-7981-4530-3　　　　　　　　　　　　　　　　　Printed in Japan